高职高专经管类专业实践创新教材

成本核算与管理
（微课版）

李真　刘颖 ◎ 主编

付筱惠　李林雪　高琳 ◎ 副主编

清华大学出版社
北京

内 容 简 介

本书根据我国现行企业会计准则和企业财税实际工作需求进行编写，以真实工作项目、典型工作任务为载体组织教学内容，以工作过程为导向构建知识与素养体系，采用工作手册式新形态教材的编写思路，强调"项目导向、任务驱动""理实一体、学做合一"，突出实践性，力求实现情境化教学。

本书旨在培养学生的成本核算与管理能力，使学生掌握成本核算的流程和方法，能够根据不同企业的管理要求和生产特点，采用不同的方法计算完工产品和在产品的成本，并能进行成本管理和分析。

本书配备数字化教学资源，可作为高职高专院校成本核算与管理课程的教学用书，也可作为会计职称考试中成本会计部分相关知识的复习用书，以及成本核算与管理岗位工作人员、企业管理人员工作中的辅助用书。

图书在版编目（CIP）数据

成本核算与管理：微课版/李真，刘颖主编. —北京：清华大学出版社，2023.6
高职高专经管类专业实践创新教材
ISBN 978-7-302-63730-1

Ⅰ.①成… Ⅱ.①李…②刘… Ⅲ.①成本计算－高等职业教育－教材 ②成本管理－高等职业教育－教材 Ⅳ.①F231.2

中国国家版本馆 CIP 数据核字（2023）第 103822 号

责任编辑：强　微
封面设计：傅瑞学
责任校对：刘　静
责任印制：朱雨萌

出版发行：清华大学出版社
　　　　　网　　址：http://www.tup.com.cn, http://www.wqbook.com
　　　　　地　　址：北京清华大学学研大厦 A 座　　　　邮　　编：100084
　　　　　社 总 机：010-83470000　　　　　　　　　　邮　　购：010-62786544
　　　　　投稿与读者服务：010-62776969, c-service@tup.tsinghua.edu.cn
　　　　　质量反馈：010-62772015, zhiliang@tup.tsinghua.edu.cn
　　　　　课件下载：http://www.tup.com.cn, 010-83470410
印 装 者：三河市铭诚印务有限公司
经　　销：全国新华书店
开　　本：185mm×260mm　　印　　张：16　　字　　数：387 千字
版　　次：2023 年 6 月第 1 版　　　　　　印　　次：2023 年 6 月第 1 次印刷
定　　价：49.00 元

产品编号：095519-01

"成本核算与管理"是高等职业院校财务会计类专业的一门核心课程。本书以高等职业学校专业教学标准为依据,以新修订的职业教育专业简介为引导,根据我国现行企业会计准则和企业财税实际工作过程梳理知识点、技能点,按照"项目导向、任务驱动"的理念设计教学内容,采用工作手册式新形态教材体例进行编写。

本书旨在培养学生的成本核算与管理能力,使学生掌握成本核算的流程和方法,能够根据不同企业的管理要求和生产特点采用不同的方法计算完工产品和在产品的成本,并能进行成本管理和分析。全书共分 9 个项目,包括生产费用的归集与分配、品种法及其应用、分批法及其应用、分步法及其应用、分类法和定额法及其应用、作业成本法及其应用、标准成本法及其应用、目标成本法及其应用、变动成本法及其应用。

本书的特色体现为"四融合",具体内容如下。

1. 与思政元素融合

党的二十大报告指出,育人的根本在于立德。要全面贯彻党的教育方针,落实立德树人根本任务,培养德智体美劳全面发展的社会主义建设者和接班人。本书将思想政治教育元素与专业知识进行嵌入式融合,专业内容的选取、项目任务的设计突出工匠精神培育、创新精神和团队合作等,进而实现思政教育融于教材的整体设计脉络,形成融知识、技能、课程思政于一体的内容体系。

2. 与产业发展融合

本书从成本核算与管理工作的能力要求出发,系统梳理成本核算人员应知应会的核心知识和技能,结合工作实际设计典型学习任务。同时,本书在编写过程中特别聘请了行业专家共同参与,由校企"双元"合作开发,体现产教融合、工学结合。

3. 与"岗、课、赛、证"需求融合

本书对接生产过程、岗位工作需求及职业标准,对接会计从业资格证书、"1+X"财务共享职业技能等级证书和会计职业技能大赛的相关要求,从企业生产实际出发,以真实工作项目、典型工作任务为载体,组织教学内容,严格按照岗位工作能力的要求,构建知识与素养体系,遵循职业教育人才培养规律,融入企业案例等,将理论知识与工作实践有机融合。

4. 与信息技术发展融合

本书编写团队负责建设的"成本核算与管理"课程于 2018 年获评山东省精品资源共享课,2021 年获评山东省继续教育数字化共享课程,经过多年的建设,已经形成了丰富的多媒

体资源。围绕深化教学改革的发展需求，本书通过二维码等方式，提供微课视频等丰富教学资源，打造新形态一体化教材，使内容更加形象、生动、直观，更加符合高职学生的学习心理和认知规律。

本书采用"项目导向、任务驱动"模式，强调"理实一体、学做合一"，突出实践性，力求实现情境化教学，通过营造9种不同企业账务处理环境，使学生熟悉成本核算与管理的主要工作，掌握成本核算的流程和成本管理的方法。本书的过程性考核规范、科学，设计自评、互评、师评等多元评价的过程性考核表，评价要素和评价方法融入相关行业的职业道德和职业素养。

本书由青岛酒店管理职业技术学院李真、刘颖担任主编，付筱惠、李林雪、高琳担任副主编。具体编写分工如下：付筱惠负责编写项目1和统稿工作；李真负责编写项目3和总纂定稿，以及全部多媒体资源的制作与整理；刘颖负责编写项目4、项目5；李林雪负责编写项目2、项目6～项目9；高琳负责编写案例。

在编写本书过程中，编者得到了清华大学出版社的大力支持和帮助，也得到了仁烨科技集团有限公司等企业和行业专家的热情指导，同时参考了有关专家、学者的诸多文献、著作，在此一并表示衷心的感谢。

本书中涉及的企业名称、人名均属虚构，如有雷同，纯属巧合。由于编者水平有限，本书难免存在疏漏或不足之处，敬请广大读者批评、指正。

编　者

2023 年 2 月

目录
CONTENTS

成本核算篇

成本管理篇

✦ **成本核算篇** ✦

项目1

生产费用的归集与分配

企业要进行生产经营,就会有人力、财力、物力的消耗,正确核算产品成本并为企业管理层提供与决策相关的成本信息是成本核算与管理的重要工作内容。在本项目中,我们将通过一个企业完整的成本核算案例,按照成本核算的一般工作流程,全面系统地学习各项生产费用的分配方法和核算原理,为成本计算方法的综合运用奠定基础。

生产费用的归集与分配的任务设计

任务	学 习 任 务	能 力 目 标	学时
1.1	成本费用账户的设置	能够根据企业的工艺流程和成本核算制度设置账簿、登记期初余额	2
1.2	材料费用的分配	能够运用产量法和定额耗用量法正确分配发出材料的成本,并填制相应的记账凭证、登记明细账	4
1.3	外购动力耗费的分配	能够正确计算并分配外购动力费用,正确填制相应的记账凭证、登记明细账	2
1.4	人工费耗费的分配	能够正确计算工人计时工资,正确运用实际工时和标准工时将工资费用进行分摊,正确计算并填写工资费用分配表、职工薪酬汇总表、工资计算单,并填制相应的记账凭证、登记明细账	4
1.5	固定资产折旧的分配	能够根据公司财务制度,正确计算固定资产折旧,将固定资产折旧按照合理的方法予以分摊并填制相应的记账凭证、登记明细账	2
1.6	其他费用支出的分配	能够正确归集与分配其他费用,填制相应的记账凭证、登记明细账	2
1.7	辅助生产成本的归集与分配	能够正确归集与分配辅助生产成本,填制相应的记账凭证、登记明细账	4
1.8	制造费用的归集与分配	能够正确归集与分配制造费用,填制相应的记账凭证、登记明细账	2

任务	学 习 任 务	能 力 目 标	学时
1.9	委外半成品费用的归集与分配	能够正确归集和核算委外成本费用，准确计算委外半成品的单位成本，填制相应的记账凭证、登记明细账	2
1.10	废品损失的归集与分配	能够正确计算和分配可修复废品损失和不可修复废品损失，填制相应的记账凭证、登记明细账	2
1.11	完工产品与在产品的计算与结转	能够正确运用约当产量法，将本期发生的生产费用在完工产品和在产品之间进行分配，填制相应的记账凭证、登记明细账	4

任务 1.1　成本费用账户的设置

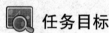 **任务目标**

知识目标：

- 熟悉成本会计工作组织形式。
- 掌握计算产品成本的会计科目。

技能目标：

能根据企业的工艺流程和成本核算制度设置账簿、登记期初余额。

素养目标：

- 培养严格执行财经法规纪律、规范操作的职业素养。
- 锻炼相互协作的能力，培养爱岗敬业的精神。

学习情境

　　朝阳机械厂设有两个基本生产车间（铸造车间和机械加工车间）和两个辅助生产车间（修理车间和供汽车间）。修理车间为各部门提供修理服务，供汽车间从事蒸汽生产、供应服务，以满足各部门动力和采暖需要。该公司主要生产两种型号的机床：M520 和 M521。其生产工艺流程为：铸造车间铸造各种铁铸件和铝铸件，铸件经检验合格后交半成品库以备后用；机械加工车间对各种半成品进行一系列深加工后将之制成机床（M520 和 M521），机床经检验合格后交产成品库。

　　朝阳机械厂的成本核算制度如下。

　　公司采用厂部一级核算方式组织成本核算，产品成本项目分为"直接材料""直接人工""制造费用""废品损失"。其他成本费用明细账按需要设置专栏。为简化核算手续，不设"燃料与动力"成本项目，结转的水费和电费，记入"制造费用"成本项目。辅助生产车间的水、电费用记入"直接材料"成本项目。

　　铸造车间以各种铸件作为成本计算对象，机械制造厂对本厂完工的铸造件进行一定的委外加工，以便后续机床的生产。完工的铸件验收合格交半成品库，采用先入库后领用的方式。

　　机械加工车间以产品 M520 和产品 M521 为成本计算对象，产品成本采用综合结转方式核算成本，为了简化核算，不进行成本还原。为简化核算，辅助生产车间发生的间接费用直接记入辅助生产成本账的"制造费用"专栏,不专设"制造费用"明细账。归集的辅助生产成本采用一次交互分配法进行分配。

期初在产品成本见表 1-1-1。

表 1-1-1

期初在产品成本

20××年9月1日

单位:元

车间、产品名称		直接材料	直接人工	制造费用	废品损失	合计
机械加工车间	M520	96 767.34	5 781.89	3 108.54	0	105 657.77
	M521	46 782.89	8 147.90	3 891.57	0	58 822.36
	小计	143 550.23	13 929.79	7 000.11	0	164 480.13

 任务要求

(1) 根据朝阳机械厂的车间设置、工艺特点以及期初在产品成本资料,设置与成本核算相关的账簿。

(2) 根据相关的财务信息,登记账簿期初余额。

 获取信息

阅读学习情境,了解朝阳机械厂的车间设置和生产工艺流程。

引导问题1:朝阳机械厂适合采用哪种成本会计组织形式?

小提示 朝阳机械厂属于小规模企业,适合选用厂部集中核算的方式。

引导问题2:登记期初余额应注意哪些问题?

小提示 写明日期、摘要、期初余额、方向、金额、余额和每个成本项目。注意方向是借方,金额在借方。

👥 **任务实施**

步骤1:根据朝阳机械厂的车间设置、工艺特点以及期初在产品成本资料,设置与成本核算相关的账簿,见表 1-1-2~表 1-1-9。

表 1-1-2

生产成本明细账

车间名称:　　　　　　　　　产品名称:　　　　　　　　　单位:元

年		凭证字号	摘要	借方	贷方	方向	余额	借方金额分析			
月	日							直接材料	直接人工	制造费用	废品损失

表 1-1-3

生产成本明细账

车间名称：　　　　　　　　　　产品名称：　　　　　　　　　　单位：元

年		凭证字号	摘要	借方	贷方	方向	余额	借方金额分析			
月	日							直接材料	直接人工	制造费用	废品损失

表 1-1-4

生产成本明细账

车间名称：　　　　　　　　　　产品名称：　　　　　　　　　　单位：元

年		凭证字号	摘要	借方	贷方	方向	余额	借方金额分析			
月	日							直接材料	直接人工	制造费用	废品损失

表 1-1-5

生产成本明细账

车间名称：　　　　　　　　　　产品名称：　　　　　　　　　　单位：元

年		凭证字号	摘要	借方	贷方	方向	余额	借方金额分析			
月	日							直接材料	直接人工	制造费用	废品损失

表 1-1-6

生产成本明细账

车间名称：　　　　　　　　　　产品名称：　　　　　　　　　　单位：元

年		凭证字号	摘要	借方	贷方	方向	余额	借方金额分析			
月	日							直接材料	直接人工	制造费用	废品损失

表 1-1-7

生产成本明细账

车间名称：　　　　　　　　　　产品名称：　　　　　　　　　　单位：元

年		凭证字号	摘要	借方	贷方	方向	余额	借方金额分析			
月	日							直接材料	直接人工	制造费用	废品损失

表 1-1-8

制造费用明细账

车间名称： 单位：元

年		凭证字号	摘要	借方	贷方	方向	余额	借方金额分析							
月	日							材料费	人工费	折旧费	水电费	保险费	办公费	辅助生产费用	其他

表 1-1-9

制造费用明细账

车间名称： 单位：元

年		凭证字号	摘要	借方	贷方	方向	余额	借方金额分析							
月	日							材料费	人工费	折旧费	水电费	保险费	办公费	辅助生产费用	其他

步骤 2：根据相关的财务信息，登记账簿期初余额，见表 1-1-10～表 1-1-12。

表 1-1-10

生产成本明细账

车间名称： 产品名称： 单位：元

年		凭证字号	摘要	借方	贷方	方向	余额	借方金额分析			
月	日							直接材料	直接人工	制造费用	废品损失

表 1-1-11

生产成本明细账

车间名称： 产品名称： 单位：元

年		凭证字号	摘要	借方	贷方	方向	余额	借方金额分析			
月	日							直接材料	直接人工	制造费用	废品损失

表 1-1-12

制造费用明细账

车间名称：铸造车间 单位：元

年		凭证字号	摘要	借方	贷方	方向	余额	借方金额分析							
月	日							材料费	人工费	折旧费	水电费	保险费	办公费	辅助生产费用	其他

任务评价

使用表 1-1-13 进行任务评价。

表　1-1-13

成本费用账户的设置任务评价表

班级		姓名			学号	
项目 1 任务 1.1		成本费用账户的设置				
评价项目	评价标准		分值	自评	互评	师评	总评
工艺流程	机械厂工艺流程理解正确		10				
明细账	明细账簿设置准确，填写无误		30				
期初余额	期初余额填写正确		30				
工作态度	严谨认真、无缺勤、无迟到早退		10				
工作质量	按计划完成工作任务		10				
职业素质	遵纪守法、诚实守信、团队合作		10				
合　计			100				

 **知识链接**

知识点 1：成本的含义及经济实质

（1）成本的含义

成本是指企业在生产经营活动中耗费的物化劳动和活劳动中必要劳动部分的货币表现。在不同情况下，产品成本的概念具有不同意义，涵盖的成本范围也不同。

成本的含义及
经济实质

广义的成本是指为达到特定的目的而发生或应发生的价值牺牲，它可以用货币单位加以衡量，即企业为制造产品、取得存货、销售商品、对外投资以及开展各项管理活动而耗费的各项能够用货币计量的资源。广义的成本不仅包括产品成本，还包括期间费用；不仅包括已经发生的实际成本，还包括可能发生或应当发生的预计成本。广义的成本侧重的是成本管理服务功能。

狭义的成本则仅指产品的生产成本。产品是指企业日常生产经营活动中持有以备出售的产成品、商品、提供的劳务或服务。产品按其形态，可以分为有形产品（如服装、家电、元器件、建筑物等）和无形产品（如服务、软件等）。

产品成本是指企业在生产产品过程中所发生的材料费用、职工薪酬等，以及不能直接计入而按一定标准分配计入的各种间接费用。

（2）成本的经济实质

成本的经济实质是生产经营过程中所耗费的生产资料转移的价值和劳动者为自己劳动所创造的价值的货币表现，也就是企业在生产经营中所耗费的资金的总和。

在实际工作中，为了促使企业厉行节约，减少生产损失，加强企业的经济责任，将不形成产品价值的损失性支出也列入产品成本内，包括废品损失、停工损失等。此外，工业企业行政管理部门为组织和管理生产经营活动而发生的管理费用、为筹集生产经营资金而发生的财务费用、为销售产品而发生的营业费用,由于在发生时难以按产品归集,为了简化核算工作,都作为期间费用处理,直接计入当期损益,冲减利润,而不计入产品成本。因此,现实中的产品成本是指产品的生产成本,不是指产品所耗费的全部成本。

知识点2：我国现行的成本开支范围

我国现行的成本开支范围包括以下六方面内容。

第一,为制造产品而耗费的各种原材料等费用。

第二,为生产产品而耗费的动力费用。

第三,支付给生产人员的职工薪酬。

第四,生产性固定资产的折旧费、租赁费、修理费和周转材料的摊销费用。

第五,因生产而发生的废品损失以及季节性和修理期间的停工损失。

第六,为组织和管理生产而支付的有关费用。

不能计入成本的项目包括以下四方面内容。

第一,购置和建造固定资产、无形资产和其他长期资产的支出。这些支出属于资本性支出,在财务上不能一次列入成本,只能按期逐月摊入。

第二,对外投资的支出以及分配给投资者的利润支出。

第三,被没收的财物,支付的滞纳金、罚款、违约金、赔偿金,以及企业赞助、捐赠等支出。

第四,在公积金、公益金中的开支支出。

知识点3：生产成本和生产费用的关系

成本是指企业为生产产品、提供劳务而发生的各种耗费。费用和成本是两个既互相联系又相互区别的概念。工业企业的费用是工业企业在生产经营管理活动中所发生的用货币表现的各种耗费,与一定的会计期间相联系。费用按其经济用途可分为生产费用和经营管理费用两部分。生产费用是为了生产产品而在一定时期(如一个月)内发生的用货币表现的耗费。经营管理费用包括管理费用、销售费用和财务费用,即期间费用。

生产成本和生产费用的关系

工业企业生产费用的发生是形成产品成本的基础,而产品成本则是对象化的生产费用。但是,生产费用通常是指某一时期内实际发生的生产费用,而产品成本反映的是某一时期某种完工产品所应负担的费用。企业某一时期实际发生的各产品生产费用总和,不一定等于该期产品成本的总和。某一时期完工产品的成本可能包括几个时期的生产费用,某一时期的生产费用也可能分期计入各期完工产品成本。

工业企业生产经营过程中的耗费是多种多样的,为了科学地进行成本管理,正确地计算产品成本和期间费用,需要对各类费用进行合理分类。费用可以按不同的标准分类,其中最基本的是按费用的经济用途和经济内容分类。

知识点4：成本的分类——按经济用途分类

生产费用的经济用途是指生产成本在生产产品或者提供劳务过程中的实际用途。生产费用按经济用途分类,通常称为成本项目,也就是构成产品成本的项目。

成本按照经济用途可进行如下分类。

(1) 直接材料

直接材料是指构成产品实体的原材料以及有助于产品形成的主要材料和辅助材料,如原材料、辅助材料、设备配件、外购半成品、包装物以及其他直接材料。

（2）燃料和动力

燃料和动力是指直接用于产品生产的燃料和动力。制造企业生产用燃料和动力耗用额不大时，可以将该项目并入"直接材料"或者"制造费用"。

（3）直接人工

直接人工是指直接从事生产的工人的工资。

（4）制造费用

制造费用是指企业为生产产品和提供劳务而发生的各项间接费用，包括企业生产部门（车间、分厂等）为组织和管理生产发生的间接费用与一部分不便于直接计入产品成本而没有专设成本项目的直接费用，如生产部门发生的水电费、固定资产折旧、无形资产摊销、管理人员的职工薪酬、机物料消耗、低值易耗品摊销、取暖费、办公费、劳动保护费、国家规定的有关环保费用、季节性和修理期间的停工损失、废品损失、运输费、保险费等。

企业可以在制度规定的基础上，根据自身特点，适当增减成本项目。例如，将发生额不多的燃料和动力记入"直接材料"或"制造费用"项目。如果企业在生产过程中废品损失、停工损失在成本中比重较大，则可以增设"废品损失"和"停工损失"项目，以便于加强对该项成本的管理和控制。

知识点5：成本的分类——按经济内容分类

生产费用按经济内容进行分类，是指生产过程中消耗了什么，哪些属于物化劳动，哪些属于活劳动。生产费用按经济内容分类称为费用要素，凡为生产产品和提供劳务而开支的货币资金以及消耗的实物资产，均称为费用要素。

（1）外购材料

外购材料是指企业为了生产产品和提供劳务而消耗的由外部购入的原材料及主要材料、辅助材料、外购半成品、外购周转材料等。

（2）外购燃料

外购燃料是指企业为了生产产品和提供劳务而耗用的一切由外部购入的各种固体、液体和气体燃料。

（3）外购动力

外购动力是指企业为了生产产品和提供劳务而耗用的一切由外部购入的电力、蒸汽等各种动力。

（4）职工薪酬

职工薪酬是指企业为生产产品和提供劳务而发生的职工薪酬。

（5）折旧费

折旧费是指企业的生产单位（车间、分厂等）按照规定计提的固定资产折旧。

（6）其他支出

其他支出是指企业为了生产产品和提供劳务而发生的不属于以上费用要素的费用支出，如车间发生的办公费、差旅费、水电费、保险费等。

知识点6：成本的分类——按生产费用与产量内容的关系分类

按生产费用与产量的关系分为变动成本、固定成本与混合成本。

（1）变动成本

变动成本是指成本总额随产品产量增减而成正比例升降，但单位成本额却不变的成本，如直接材料、计件工资等。

（2）固定成本

固定成本是指成本总额在一定期间的相关产量范围内，不随着产品产量增减而变动，但单位成本额却随着产品产量增减而反比例变动的成本，如管理人员工资、固定资产折旧费、办公费等。

（3）混合成本

混合成本具有固定成本和变动成本两种性态，发生额虽受业务量变动影响，但其变动幅度不与业务量的变动保持严格的比例关系，这种成本称为混合成本。混合成本又分为半变动成本和半固定成本。

① 半变动成本通常有一个成本初始量，类似固定成本；在这个基础上，业务量增加，成本也会相应增加，类似变动成本（如基本工资加业务提成的薪酬模式）。

② 半固定成本在一定业务量范围内的发生额是固定的，当业务量超过一定限度，其发生额就会跳跃上升，然后固定，再跳跃上升，再固定……此种成本也被称为阶梯成本。

在理论界还有人提出可以将混合成本分为半固定成本、半变动成本、延期变动成本和曲线式混合成本。延期变动成本是半变动成本的特例，曲线式混合成本则是固定成本和变动成本的综合。也就是说，任何混合成本都可以按照一定的方法分解为变动成本和固定成本，因此按成本属性划分，应该只有变动成本和固定成本两类。

这种分类的意义在于寻求降低成本的途径。因为单位变动成本的增减与产量的变化没有关系，若要降低单位变动成本，应通过改善管理、提高科技水平从而降低消耗来实现；固定成本则不同，虽然固定成本总额不随产量的增减而变动，但就单位产品来说，如果产量增加，每件产品分摊的固定成本就会减少。可见，降低单位产品的固定成本，应通过控制固定成本总额和提高产量来实现。

知识点7：成本的分类——按其他方法分类

（1）按生产费用与产品生产的关系分类

按生产费用与产品生产的关系分类，可以将成本分为直接费用和间接费用。

① 直接费用是指消耗后能够形成产品实体或者有助于产品成形的费用，如直接材料费、直接人工费、机器设备折旧费等。

② 间接费用是指消耗后与产品的形成没有直接关系的费用，如车间管理人员的薪酬、车间的办公费、保险费、取暖费等。

（2）按生产费用计入产品成本的方法分类

按生产费用计入产品成本的方法分类，可以将成本分为直接计入费用和间接计入费用。

① 直接计入费用是指发生后能分清是哪种产品耗用的、可以直接计入某种产品成本的生产费用。

② 间接计入费用是指多种产品共同耗用的，而且不能直接分清哪种产品耗用了多少的生产费用。间接计入费用需要按照一定的分配标准进行分配，并根据分配结果分别计入各种产品成本。

（3）按生产费用的可控性分类

按生产费用的可控性分类，可以将成本分为可控成本和不可控成本。

① 可控成本是指能被一个责任单位的行为所制约，并受其工作好坏影响的成本。责任单位可能是某个部门，也可能是某个单位或某个人。

② 不可控成本是指成本的发生不能为某个责任单位的行为所制约，也不受其工作好坏影响的成本。

成本是否可控，应从权责上加以划分。成本的发生是人为产生的，无论是物化劳动消耗还是活劳动消耗都是如此。从这一点来说，成本都是可控的，没有真正意义上的不可控成本。所谓不可控成本，只是从权责划分上不属于某一责任单位所能控制的成本。例如，机器设备的保险费，从产品生产车间看，是不可控成本；而对负责企业保险业务的责任单位来说，则是可控的。

成本的可控程度，应从成本发生的时间上加以确定。例如，在产品设计过程中，成本处于预测、决策和计划阶段，即成本尚未发生，成本都是可控的；在产品生产过程中，成本逐步形成，因而只能对成本未形成的部分进行控制；而产品完工后，成本基本形成，也就无所谓可控与不可控了，这个阶段的成本控制，主要是对形成的成本进行分析和考核，查明成本升降原因，确定责任归属，寻求降低成本的途径。

成本分为可控成本与不可控成本，主要意义是明确成本责任，评价或考核责任单位的工作业绩，使其增强成本意识，积极采取有效措施，消除不利因素的影响，促使可控成本不断下降。

知识点8：成本会计的职能

成本会计的职能是指成本会计在经济管理中的功能。作为会计的一个重要分支，成本会计的职能同会计一样，具有反映和监督两大基本职能，且其职能随着社会经济的发展和管理水平的提高在不断地扩大，具体包括以下内容。

① 成本预测是依据与成本有关的数据及信息，结合未来的发展变化情况，运用定量、定性的分析方法，对未来成本水平及变化趋势做出科学估计。成本预测有助于企业选择最优方案，合理组织生产，减少工作的盲目性。

② 成本决策是指以成本预测的数据或情况为基础，运用专门的方法，对有关方案进行判断、分析，从中选择最优方案，据以确定目标成本。进行正确的成本决策，有助于企业科学、合理地编制成本计划，从而达到降低成本、提高经济效益的目的。

③ 成本计划是指根据决策所确定的目标，确定计划期内为完成计划产量所应发生的耗费和各种产品的成本水平，同时提出为完成上述成本指标应采取的措施和方法。成本计划是进行目标成本管理的基础，对成本控制、成本分析和成本考核都具有重要意义。

④ 成本控制是指按预先制订的成本标准或成本计划指标，对实际发生的费用进行审核，并将其限制在标准成本或计划内，同时揭示和反馈实际与标准或计划之间的差异，并采取措施消除不利因素，使实际成本达到预期目标。通过成本控制，可促使企业顺利完成成本计划。

⑤ 成本核算是指对生产经营过程中发生的各种生产费用进行归集和分配，采用一定的方法计算各种产品的总成本和单位成本。成本核算可以考核成本计划的完成情况，评价成本计划的控制情况，同时为制定价格提供依据。

⑥ 成本分析是指利用成本核算和其他有关资料，与计划、上年同期实际、本企业历史先进水平，以及国内外先进企业等的成本进行比较，系统研究成本变动的因素和原因，制定有

效办法或措施,以便进一步改善经营管理,挖掘降低成本的潜力。成本分析可以为成本的考核、未来成本的预测与决策,以及下期成本计划的制订提供依据。

⑦ 成本考核是指在成本分析的基础上,定期地对成本计划或成本控制任务的完成情况进行检查和评价,并联系责任单位的业绩给以必要的奖惩,以充分调动广大职工执行成本计划的积极性。

上述成本会计的职能是相互联系、相互补充的,它们在生产经营活动的各个环节、成本发生的各个阶段,相互配合地发挥作用。预测是决策的前提,决策是计划的依据,计划是决策的具体化,控制是对计划实施的监督,核算是对计划的检验,分析与考核是实现决策目标和完成计划的手段。其中,成本核算是成本管理最基本的职能。

知识点9:成本的重要性

① 成本是补偿生产耗费的尺度。企业在取得营业收入后,必须把相当于成本的数额划分出来,用以补偿生产经营中的资金耗费;否则,企业正常生产所需资金就会短缺,正常运转就会受到威胁。而且,企业不仅要用商品销售的收入补偿生产耗费,还必须有盈余,这样才能满足企业扩大再生产的需要,使企业不断发展壮大。可见,成本起着衡量生产耗费的作用,对经济发展具有重要影响。

② 成本是反映工作质量的综合指标。成本是一项综合性的经济指标,可以直接或间接反映企业经营管理中各方面的工作业绩。如产品设计是否合理、生产工艺是否先进、劳动生产率水平的高低、原材料的利用程度、费用开支是节约还是浪费、管理工作和生产组织的水平,以及供、产、销各个环节的衔接协调情况等,最终都会在成本中反映出来。成本是综合反映企业工作质量的指标,可以通过对成本的计划、控制、监督、考核和分析来促使企业及企业内各单位加强经济核算,努力改进管理、降低成本、提高经济效益。

③ 成本是企业制定产品价格的一项重要依据。在商品经济中,产品价格是产品价值的货币表现。在制定产品价格时,无论是企业还是国家,都应遵循价值规律的基本要求。产品的价值不能直接计算,只能计算产品成本,通过成本间接地估算产品的价值。在制定产品的销售价格时,应考虑的因素有很多,如国家价格政策及其他经济政策、各种产品的比价关系、产品在市场上的供求关系等,同时必须考虑企业的实际承受能力,即产品的实际成本,成本是产品价格制定的最低经济界限。如果商品的价格低于其成本,企业生产经营费用就不能全部从商品销售收入中补偿。所以,成本是制定产品价格的重要因素。

④ 成本是企业进行生产经营决策的重要依据。在市场经济条件下,企业间的竞争异常激烈,努力提高在市场上的竞争能力和经济效益是对企业的客观要求。企业要在市场中立于不败之地,必须做好战略安排,进行正确的生产经营决策。在市场价格一定的条件下,企业在市场上的竞争实质上是成本费用的竞争。因此,任何企业在进行重大经营决策时,都要运用有关成本数据来分析和比较决策方案的经济效益,以便选择最优方案。成本是进行生产经营决策需要考虑的主要因素之一。在制定决策过程中,过去的成本信息是进行决策分析的重要工具或依据,没有过去的、准确的成本信息是无法进行正确决策的。

知识点10:成本核算的基本要求

(1)产品成本核算环境的整体要求

成本核算是成本管理的一项基础性工作,是开展成本预测、成本决策、成本控制、成本考核及相关评价工作的基础。

随着信息技术的普及应用,企业应当充分利用现代信息技术,编制、执行企业产品成本预算,对执行情况进行分析、考核,落实成本管理责任制,加强对产品生产事前、事中、事后的全过程控制,加强产品成本核算与管理各项基础工作。

在进行成本核算时,企业可以改变传统模式,按照现代企业多维度、多层次的管理需要,确定多元化的产品成本核算对象。其中,多维度是指以产品的最小生产步骤或作业为基础,按照企业有关部门的生产流程及其相应的成本管理要求,利用现代信息技术,组合出产品维度、工序维度、车间班组维度、生产设备维度、客户订单维度、变动成本维度和固定成本维度等不同的成本核算对象;多层次是指根据企业成本管理需要,划分为企业管理部门、工厂、车间和班组等成本管控层次。

(2)加强成本核算的各项基础性工作

成本核算的基础性工作包括以下内容。

① 建立原材料、在产品、半成品、产成品、周转材料、固定资产等各项财产物资的收发、领退、转移、报废和清查盘点制度。

② 健全与成本核算相关的原始记录。

③ 制定并及时修改材料、工时、费用等定额。

④ 完善计量设施,严格计量检验制度。

(3)正确划分成本费用的几个界限

进行产品成本核算,需要正确划分以下界限。

① 收益性支出和资本性支出。凡是因日常生产经营活动所发生的,并应由当期收入补偿的各项耗费都属于收益性支出,计入产品成本或期间费用。不是因日常生产经营活动所发生的,并应由以后各期实现的收入逐步加以补偿的各种耗费,都是资本性支出,计入有关资产的价值,予以资本化。

② 营业性支出和营业外支出。营业性支出是企业正常生产经营发生的支出,如存货采购、薪酬支付等,可视具体情况计入成本费用。营业外支出是正常生产经营以外的偶然支出,如罚没损失、固定资产损毁等。

③ 计入产品成本和期间费用的界限。按照制造成本法的原理,只有生产单位(车间)发生的各项生产与管理费用,才能计入产品成本;而生产单位以外的行政管理部门发生的管理费用、销售部门发生的销售费用、因资金筹集发生的财务费用等,应作为期间费用,直接计入当期费用。

④ 各月费用的界限。生产成本的计算也要遵循权责发生制原则,分清应计入本月的生产成本和不应计入本月的生产成本。在实际工作中,权责发生制原则的应用通常应和重要性原则相结合,如果涉及的金额很小,几乎不会对成本计算产生影响的小额费用,也可以按照收付实现制处理。

⑤ 各种产品费用的界限。如果一个生产单位生产两种及以上产品,则应当将生产费用在不同产品之间合理分配。对于能确定哪种产品发生的费用,采用直接计入的方式,对于几种产品共同发生的费用,采用一定标准分配计入的方式。

⑥ 本月完工产品与在产品的费用界限。对需要计算在产品成本的某些产品,要采用适当的方法将生产费用在完工产品与在产品之间进行分配,不得人为地任意压低或提高在产

品的成本,保证成本计算的真实性。为了保证准确地将费用在完工产品与在产品之间进行分配,使各期的成本指标具有可比性,在产品的成本计算方法一经确定,一般不应经常改变。

（4）遵循一致性原则

企业产品成本核算采用的会计政策和会计估计一经确定,不得随意变更,以使各期的成本资料口径统一,前后连贯,相互可比。同时,遵循一致性原则也可以有效防止企业通过改变核算方法,人为调节成本。

（5）按照企业内部管理需要进行产品成本核算

企业应当按照相关法律、法规以及会计制度的要求,结合本企业的管理要求,对生产经营过程中实际发生的各种劳动耗费进行计算、归集和分配,并把相关的成本信息传递给有关部门使用者,并为对外报告和对内报告提供准确、翔实的信息。

（6）编制产品成本报表的要求

企业一般应当按月编制产品成本报表,全面反映企业生产成本、成本计划执行情况、产品成本及其变动情况等。由于各个企业的成本管理需求差异较大,且产品成本报表往往涉及企业的核心商业机密,所以,成本报表属于内部报表,其内容可以根据企业的具体需求灵活设计。

知识点 11：成本归集、分配和结转的基本原则

（1）企业产品成本归集、分配和结转的总体原则

企业发生的费用,能确定由某一成本核算对象负担的,应当按照所对应的产品成本项目类别,直接计入产品成本核算对象的生产成本;由几个成本核算对象共同负担的,应当选择合理的分配标准分配计入。

（2）确定企业产品成本分配标准的原则

由于不同行业的生产特点不同,生产组织方式不同,企业产品成本的分配标准也会有所不同。企业应当根据自身的生产经营特点,以正常能力水平为基础,按照资源耗费方式确定合理的分配标准。在实务中,应遵循以下原则。

① 受益性原则。该原则要求谁受益、谁负担,标准的选择能够反映各成本核算对象的受益程度。例如,材料费可能适合以耗用数量为标准,而人工费则可能更适合以生产工时为标准。

② 及时性原则。该原则要求及时将各项成本费用分配给受益对象,不应将上期或下期费用计入本期,以保证成本计算的准确性。例如,应将生产费用在完工产品与在产品之间采用适当的标准进行分配。

③ 成本效益原则。该原则要求成本核算要兼顾准确性与效益性。成本核算固然是越精确越好,但精确的成本核算必然需要付出更多人力、物力,所以,成本费用的分配应当在准确性与工作量之间进行平衡,以求取得良好的效益。例如,辅助生产费用的代数分配法是最精确的费用分配方法,但操作起来难度较大,极少有单位采用,而比较常用的是计算准确性虽然稍差,但容易操作的直接分配法和交互分配法。

④ 基础性原则。该原则要求成本的分配标准必须以完整、准确的原始记录为依据,既不能主观臆断,也不能人为地干预成本的归集与分配,费用的分配必须以统计数据为基础。

⑤ 管理性原则。成本指标是一个综合性指标,是企业进行经济预测和经济决策的重要参考资料,成本费用的归集、分配、结转应当力求科学,以便为管理服务。例如,作业成本法的使用就是管理会计与成本会计的有机对接。

（3）企业产品成本结转的原则

企业应当按照权责发生制的原则，根据产品的生产特点和管理要求结转成本，不得以计划成本、标准成本、定额成本等代替实际成本。

知识点 12：成本核算的程序

（1）确定产品成本的核算对象

产品成本核算对象是生产费用的归集对象和生产耗费的承担者，是设置产品成本明细账，计算产品成本的前提。

成本核算的程序

（2）确定成本核算的范畴

企业应按照会计准则和企业产品成本核算制度的要求，正确划分费用界限，进而根据核算对象的特点及成本形成过程、方式，设计具体的核算项目。

（3）归集与分配生产费用

企业应将某一期间发生的生产费用，按照恰当的分配原则、合理的分配方法在各成本计算对象之间进行归集与分配。

（4）计算完工产品成本与在产品成本

对于企业月末有完工产品和在产品的情况，应将月初在产品费用与本月生产费用之和，在完工产品和在产品之间进行分配，计算出完工产品和期末在产品的成本。

知识点 13：成本会计的工作组织

（1）集中核算方式

集中核算方式是指成本会计工作主要由厂部成本会计机构集中进行。其中，厂部会计机构负责各种会计凭证的审核、整理和汇总，各种费用的归集和分配，生产费用的核算和产品成本的计算等。车间、部门成本会计人员只负责原始记录和原始凭证的填制，并对它们进行初步的审核、整理和汇总，为厂部成本会计机构进一步工作提供基础资料。

（2）分散核算方式

分散核算方式是指成本会计工作中的主要内容由车间等其他单位的成本会计机构或人员分别进行。其中，厂部会计机构负责根据各车间、部门上报的成本计算资料进行全厂成本的汇总核算，进行生产费用的总分类核算和少数费用的明细核算，并对全厂成本进行综合的计划、控制、分析和考核；同时还应负责对各车间、部门成本会计机构或人员进行业务上的指导和监督。车间、部门成本会计人员负责完成主要会计凭证的审核整理和汇总、各种费用的归集和分配、生产费用的核算和产品成本的计算等工作。

知识点 14：成本核算的账户设置

为核算和监督企业生产过程中发生的各项费用，正确计算产品或劳务成本，企业需要设置有关账户，组织生产费用的总分类核算和明细分类核算。不同行业的企业可以根据本行业生产特点和成本管理的要求，确定成本费用类账户的名称和核算内容。下面介绍工业企业产品成本核算的账户设置。

成本核算的
账户设置

（1）"生产成本"账户

"生产成本"账户用于核算企业进行生产所发生的各项生产费用，计算产品和劳务实际成本。工业企业的生产根据各生产单位任务的不同，可以分为基本生产和辅助生产。基本生产是指为完成企业主要生产任务而进行的产品生产或劳务供应。辅助生产是指为企业基本生产单位或其他部门服务而进行的产品生产或劳务供应,如企业内部的供水、供电、供气、自制材料、自制工具和运输、修理等生产。企业辅助生产单位的产品和劳务,虽然有时也对外销售一部分,但主要任务是服务于企业基本生产单位和管理部门。企业可以根据生产费用核算和产品成本核算的需要,在"生产成本"这一总分类账户下分设"基本生产成本"和"辅助生产成本"两个二级账户,也可以将"生产成本"这一账户分设为"基本生产成本"和"辅助生产成本"两个总分类账户。

"生产成本——基本生产成本"账户是为了归集基本生产过程中所发生的各种生产费用和计算基本生产产品成本而设立的。该账户借方登记企业为进行基本生产而发生的各种费用;贷方登记转出的完工入库的产品成本;余额在借方,表示基本生产的在产品成本。应按企业所采用的成本核算方法,分别按产品品种、产品批别、生产步骤或产品类别设置"生产成本——基本生产成本"明细账,归集各成本核算对象的费用,计算成本。账内按成本项目分设专栏进行登记,反映该产品各个成本项目月初在产品成本、本月生产费用、本月完工产品成本和月末在产品成本。

"生产成本——辅助生产成本"账户是为了归集辅助生产所发生的各种生产费用和计算辅助生产所提供的产品和劳务的成本而设立的。该账户借方登记为进行辅助生产而发生的各种费用;贷方登记完工入库产品的成本或分配转出的劳务成本;余额在借方,表示辅助生产的在产品成本。应按辅助生产车间及生产的产品或劳务种类设置明细账,账内按辅助生产的成本项目或费用项目分设专栏进行登记。

(2)"制造费用"账户

"制造费用"账户用于核算企业各个生产单位(分厂、车间)为组织和管理生产所发生的各项间接费用,如技术管理人员的职工薪酬、折旧费、办公货、水电费、机物料消耗、劳动保护费、季节性停工、大修理停工期间的停工损失等,均应在"制造费用"账户归集,月末按一定的分配方法在各种产品之间进行分配。该账户的借方登记企业各生产单位为生产产品和提供劳务而发生的各项间接费用;贷方登记期末分配结转(转入"生产成本"等账户)的制造费用;除按年度计划分配率分配制造费用的企业外,期末结转以后该账户无余额。应按企业生产单位设置明细账,账内按费用项目分设专栏进行登记。

(3)其他有关账户

企业行政管理部门为组织和管理生产经营活动所发生的各项管理费用,企业在销售过程中发生的各项费用,以及企业为筹集生产经营资金所发生的各项费用,都应作为期间费用,不记入"制造费用"账户,分别记入"管理费用""销售费用""财务费用"账户。为单独核算废品损失和停工损失,企业还可以增设"废品损失"和"停工损失"总账账户。

任务 1.2　材料费用的分配

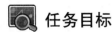 **任务目标**

知识目标:

- 熟悉领料单、限额领料单的样式和用途。
- 掌握材料费用的归集方法。

技能目标：
- 能辨认领料单、限额领料单、发料凭证汇总表。
- 能正确归集并分配企业材料费用并编制工作底稿。

素养目标：
- 树立成本核算工作的系统性观念和严谨细致的工作态度。
- 培养自觉遵守会计法规和企业规章制度的意识，具备诚实守信的职业道德、良好的团队协作精神。

 学习情境

朝阳机械厂材料相关信息详见表 1-2-1。

表　1-2-1

朝阳机械厂材料相关信息

材 料 类 别	编　号	名　　称	单　位
原材料及主要材料	101	生铁	吨
	102	铝锭	吨
辅助材料	201	润滑油	千克
	202	油漆	千克
外购件	301	电动机	台
	302	轴承	套
	303	电器元件	套
	304	标准件	套
	305	包装箱	只
燃料	401	煤	吨
	402	焦炭	吨
	403	柴油	千克

朝阳机械厂采用加权平均法核算材料的发出成本，20××年9月材料采购明细表见表1-2-2。

表　1-2-2

材料采购明细表
20××年9月30日
金额单位：元

原材料	单位	期初余额		本期入库		发出材料单价
		数量	金额	数量	金额	
生铁	吨	200	3 000	197	3 150	
铝锭	吨	780	4 330	879	4 120	
润滑油	千克	340	48	380	53	
油漆	千克	120	34	300	31	
电动机	台	600	808	500	968	
轴承	套	580	100	500	85	
电器元件	套	200	570	0	627	

续表

原材料	单位	期初余额		本期入库		发出材料单价
		数量	金额	数量	金额	
标准件	套	200	920	0	966	
包装箱	只	500	45	500	41	
煤	吨	100	650	950	621	
焦炭	吨	100	2 600	100	2 860	
柴油	千克	1 000	4.5	1 000	4.9	

审核：肖捷 制表：王伟

　　铸造车间使用生铁生产铁铸件,使用铝锭生产铝铸件,两种产品共同耗用的煤,按照产品产量比例法进行分配。

　　机械加工车间加工生产机床的材料作为直接材料计入产品成本,两种机床生产共同耗费的其余材料,按照两种产品耗用材料的定额消耗量比例法进行分配。

　　生产过程中,各用料单位填制一式四联的领料单,据以从材料仓库领用材料,月末财会部门材料核算员进行金额汇总,编制发出材料及自制半成品汇总表。朝阳机械厂20××年9月材料领料单见表 1-2-3～表 1-2-25。

表 1-2-3

领料单

领料部门：机械加工车间 编号：9001
用　　途：生产领用 20××年 9 月 2 日 仓库：3 号

材料			计量单位	数量		成本		
编号	材料名称	规格		请领	实发	单价	金额	会计联
302	轴承		套	90	90			
合计								

领料人：刘梦 仓库：王原 会计：王晨

表 1-2-4

领料单

领料部门：铸造车间 编号：9002
用　　途：生产铁铸件 20××年 9 月 2 日 仓库：3 号

材料			计量单位	数量		成本		
编号	材料名称	规格		请领	实发	单价	金额	会计联
101	生铁		吨	70	70			
合计								

领料人：刘梦 仓库：王原 会计：王晨

表　1-2-5

领料单

领料部门：厂部　　　　　　　　　　　　　　　　　　　　　　　　　　　　编号：9003

用　途：维修　　　　　　　　20××年9月2日　　　　　　　　　　　　仓库：3号

材料			计量单位	数量		成本		
编号	材料名称	规格		请领	实发	单价	金额	会
202	油漆		千克	10	10			计
								联
合计								

领料人：刘梦　　　　　　　　　　　　仓库：王原　　　　　　　　　　　会计：王晨

表　1-2-6

领料单

领料部门：铸造车间　　　　　　　　　　　　　　　　　　　　　　　　编号：9004

用　途：生产领用　　　　　　　20××年9月3日　　　　　　　　　　仓库：3号

材料			计量单位	数量		成本		
编号	材料名称	规格		请领	实发	单价	金额	会
401	煤		吨	42	42			计
								联
合计								

领料人：刘梦　　　　　　　　　　　　仓库：王原　　　　　　　　　　　会计：王晨

表　1-2-7

领料单

领料部门：机械加工车间　　　　　　　　　　　　　　　　　　　　　　编号：9005

用　途：生产领用　　　　　　　20××年9月5日　　　　　　　　　　仓库：3号

材料			计量单位	数量		成本		
编号	材料名称	规格		请领	实发	单价	金额	会
304	标准件		套	55	55			计
								联
合计								

领料人：刘梦　　　　　　　　　　　　仓库：王原　　　　　　　　　　　会计：王晨

表　1-2-8

领料单

领料部门：机械加工车间　　　　　　　　　　　　　　　　　　　　　　　　编号：9006

用　　途：M520用　　　　　　　　20××年9月6日　　　　　　　　　　仓库：3号

材料			计量单位	数量		成本		
编号	材料名称	规格		请领	实发	单价	金额	
202	油漆		千克	25	25			会计联
合计								

领料人：刘梦　　　　　　　　　　　仓库：王原　　　　　　　　　　　　会计：王晨

表　1-2-9

领料单

领料部门：机械加工车间　　　　　　　　　　　　　　　　　　　　　　　　编号：9007

用　　途：M521用　　　　　　　　20××年9月6日　　　　　　　　　　仓库：3号

材料			计量单位	数量		成本		
编号	材料名称	规格		请领	实发	单价	金额	
202	油漆		千克	25	25			会计联
合计								

领料人：刘梦　　　　　　　　　　　仓库：王原　　　　　　　　　　　　会计：王晨

表　1-2-10

领料单

领料部门：供汽车间　　　　　　　　　　　　　　　　　　　　　　　　　　编号：9008

用　　途：供汽　　　　　　　　　20××年9月6日　　　　　　　　　　仓库：3号

材料			计量单位	数量		成本		
编号	材料名称	规格		请领	实发	单价	金额	
403	柴油		千克	250	250			会计联
合计								

领料人：刘梦　　　　　　　　　　　仓库：王原　　　　　　　　　　　　会计：王晨

表　1-2-11

领料单

领料部门：供汽车间　　　　　　　　　　　　　　　　　　　　　　　　　编号：9009

用　　途：供汽　　　　　　　　20××年9月6日　　　　　　　　　　　　仓库：3号

材料			计量单位	数量		成本		会计联
编号	材料名称	规格		请领	实发	单价	金额	
402	焦炭		吨	2	2			
合计								

领料人：刘梦　　　　　　　　　　　仓库：王原　　　　　　　　　　　会计：王晨

表　1-2-12

领料单

领料部门：机械加工车间　　　　　　　　　　　　　　　　　　　　　　　编号：9010

用　　途：生产领用　　　　　　　20××年9月6日　　　　　　　　　　　仓库：3号

材料			计量单位	数量		成本		会计联
编号	材料名称	规格		请领	实发	单价	金额	
303	电器元件		套	80	80			
合计								

领料人：刘梦　　　　　　　　　　　仓库：王原　　　　　　　　　　　会计：王晨

表　1-2-13

领料单

领料部门：修理车间　　　　　　　　　　　　　　　　　　　　　　　　　编号：9011

用　　途：维修　　　　　　　　　20××年9月7日　　　　　　　　　　　仓库：3号

材料			计量单位	数量		成本		会计联
编号	材料名称	规格		请领	实发	单价	金额	
202	油漆		千克	154	154			
合计								

领料人：刘梦　　　　　　　　　　　仓库：王原　　　　　　　　　　　会计：王晨

表 1-2-14

领料单

领料部门：修理车间　　　　　　　　　　　　　　　　　　　　　　编号：9012

用　　途：维修　　　　　　　20××年9月7日　　　　　　　　　仓库：3号

材料			计量单位	数量		成本		
编号	材料名称	规格		请领	实发	单价	金额	会
201	润滑油		千克	130	130			计
								联
合计								

领料人：刘梦　　　　　　　　　仓库：王原　　　　　　　　　会计：王晨

表 1-2-15

领料单

领料部门：铸造车间　　　　　　　　　　　　　　　　　　　　　　编号：9013

用　　途：制造铝铸件　　　　20××年9月8日　　　　　　　　　仓库：3号

材料			计量单位	数量		成本		
编号	材料名称	规格		请领	实发	单价	金额	会
102	铝锭		吨	3	3			计
								联
合计								

领料人：刘梦　　　　　　　　　仓库：王原　　　　　　　　　会计：王晨

表 1-2-16

领料单

领料部门：铸造车间　　　　　　　　　　　　　　　　　　　　　　编号：9014

用　　途：制造铝铸件　　　　20××年9月8日　　　　　　　　　仓库：3号

材料			计量单位	数量		成本		
编号	材料名称	规格		请领	实发	单价	金额	会
402	焦炭		吨	2	2			计
								联
合计								

领料人：刘梦　　　　　　　　　仓库：王原　　　　　　　　　会计：王晨

表　1-2-17

领料单

领料部门：机械加工车间　　　　　　　　　　　　　　　　　　　　　　　　编号：9015

用　　途：生产领用　　　　　　20××年9月9日　　　　　　　　　　　仓库：3号

材料			计量单位	数量		成本	
编号	材料名称	规格		请领	实发	单价	金额
304	标准件		套	32	32		
合计							

领料人：刘梦　　　　　　　　　　　仓库：王原　　　　　　　　　　　会计：王晨

会计联

表　1-2-18

领料单

领料部门：机械加工车间　　　　　　　　　　　　　　　　　　　　　　　　编号：9016

用　　途：M520用　　　　　　20××年9月9日　　　　　　　　　　　仓库：3号

材料			计量单位	数量		成本	
编号	材料名称	规格		请领	实发	单价	金额
202	油漆		千克	40	40		
合计							

领料人：刘梦　　　　　　　　　　　仓库：王原　　　　　　　　　　　会计：王晨

会计联

表　1-2-19

领料单

领料部门：机械加工车间　　　　　　　　　　　　　　　　　　　　　　　　编号：9017

用　　途：M521用　　　　　　20××年9月9日　　　　　　　　　　　仓库：3号

材料			计量单位	数量		成本	
编号	材料名称	规格		请领	实发	单价	金额
202	油漆		千克	40	40		
合计							

领料人：刘梦　　　　　　　　　　　仓库：王原　　　　　　　　　　　会计：王晨

会计联

表　1-2-20

领料单

领料部门：机械加工车间　　　　　　　　　　　　　　　　　　　　编号：9018

用　　途：一般耗用　　　　　　　20××年 9 月 9 日　　　　　　　仓库：3 号

材料			计量单位	数量		成本		
编号	材料名称	规格		请领	实发	单价	金额	会
201	润滑油		千克	20	20			计
								联
合计								

领料人：刘梦　　　　　　　　　　仓库：王原　　　　　　　　　　会计：王晨

表　1-2-21

领料单

领料部门：机械加工车间　　　　　　　　　　　　　　　　　　　　编号：9019

用　　途：M520 用　　　　　　　20××年 9 月 9 日　　　　　　　仓库：3 号

材料			计量单位	数量		成本		
编号	材料名称	规格		请领	实发	单价	金额	会
305	包装箱		只	48	48			计
								联
合计								

领料人：刘梦　　　　　　　　　　仓库：王原　　　　　　　　　　会计：王晨

表　1-2-22

领料单

领料部门：机械加工车间　　　　　　　　　　　　　　　　　　　　编号：9020

用　　途：M521 用　　　　　　　20××年 9 月 9 日　　　　　　　仓库：3 号

材料			计量单位	数量		成本		
编号	材料名称	规格		请领	实发	单价	金额	会
305	包装箱		只	62	62			计
								联
合计								

领料人：刘梦　　　　　　　　　　仓库：王原　　　　　　　　　　会计：王晨

表 1-2-23

领料单

领料部门：供汽车间　　　　　　　　　　　　　　　　　　　　　　　　　　编号：9021

用　　途：M520 用　　　　　　　20××年 9 月 10 日　　　　　　　　　　仓库：3 号

材料			计量单位	数量		成本	
编号	材料名称	规格		请领	实发	单价	金额
401	煤		吨	30	30		
合计							

领料人：刘梦　　　　　　　　　　仓库：王原　　　　　　　　　　会计：王晨

表 1-2-24

领料单

领料部门：机械加工车间　　　　　　　　　　　　　　　　　　　　　　　　编号：9022

用　　途：生产领用　　　　　　　20××年 9 月 10 日　　　　　　　　　　仓库：3 号

材料			计量单位	数量		成本	
编号	材料名称	规格		请领	实发	单价	金额
304	标准件		套	27	27		
合计							

领料人：刘梦　　　　　　　　　　仓库：王原　　　　　　　　　　会计：王晨

表 1-2-25

领料单

领料部门：机械加工车间　　　　　　　　　　　　　　　　　　　　　　　　编号：9023

用　　途：生产领用　　　　　　　20××年 9 月 11 日　　　　　　　　　　仓库：3 号

材料			计量单位	数量		成本	
编号	材料名称	规格		请领	实发	单价	金额
301	电动机		台	80	80		
合计							

领料人：刘梦　　　　　　　　　　仓库：王原　　　　　　　　　　会计：王晨

本月铸造车间生产铁铸件 68 吨,生产铝铸件 4 吨。机械加工车间 M520 产品本月完工 24 件,M521 产品本月完工 31 件,M520 产品单位消耗定额为 3,M521 产品单位消耗定额为 3.2.有关金额计算结果保留两位小数。

任务要求

阅读学习情境描述,根据相关资料对朝阳机械厂的发出材料单位成本进行计算,并填写原材料成本分配表,任务要求如下。

(1)根据朝阳机械厂的成本计价方式,填写发出材料单位成本计算表,见表 1-2-26。

(2)根据表 1-2-3～表 1-2-25 领料单数据,计算并归集各车间发出材料费用,填写原材料耗用情况工作底稿,见表 1-2-27。

(3)根据对朝阳机械厂经济业务的了解情况和表 1-2-26、表 1-2-27 的有关数据,编制车间原材料成本分配表,见表 1-2-28。

(4)根据表 1-2-28 有关数据,编制发出材料成本汇总表,见表 1-2-29。

(5)根据发出材料成本汇总表(表 1-2-29)编制记账凭证。

(6)根据编制的记账凭证,登记相关明细账。

获取信息

$$费用分配率 = \frac{待分配费用总额}{各分配对象分配标准合计}$$

某分配对象应分配费用=该分配对象的分配标准额×费用分配率

引导问题 1:实际成本法下发出材料成本的计算方法有哪些?

小提示 实际成本法下发出材料成本的常用计算方法有三种:先进先出法、加权平均法、个别计价法。

引导问题 2:定额消耗量比例分配法适用于哪些情况?

小提示 适用于各种材料消耗定额比较健全且相对准确的材料费用的分配,以及多种产品消耗一种材料的情况。

引导问题 3:材料耗用情况工作底稿设置应包含哪些要素?

小提示 应包含朝阳机械厂材料类别、名称、领用材料的部门、耗用材料的数量以及金额。

引导问题 4:按领料单归集数据时应注意哪些问题?

小提示 应注意领用部门、材料名称、用途和金额。

引导问题 5：如何根据领料单的用途一栏确定费用的分配方式？

小提示　注明是生产哪种产品的可以直接计入，分不清是哪种产品的只能写在共同耗用中，等待分配；车间耗用的都属于一般耗用。

引导问题 6：车间一般耗费应记入什么会计科目？

小提示　车间一般耗费应记入"制造费用"科目。

任务实施

步骤 1：按照企业发出材料的计价方法，核算发出材料的单价。

按照加权平均法，计算发出材料的单价，填入表 1-2-26 中。

表　1-2-26

发出材料单位成本计算表

20××年 9 月 30 日　　　　　　　　　　　　金额单位：元

原材料	单位	期初余额		本期入库		发出材料单价
		数量	金额	数量	金额	
生铁	吨	200	3 000	197	3 150	
铝锭	吨	780	4 330	879	4 120	
润滑油	千克	340	48	380	53	
油漆	千克	120	34	300	31	
电动机	台	600	808	500	968	
轴承	套	580	100	500	85	
电器元件	套	200	570	0	627	
标准件	套	200	920	0	966	
包装箱	只	500	45	500	41	
煤	吨	100	650	950	621	
焦炭	吨	100	2 600	100	2 860	
柴油	千克	1 000	4.5	1 000	4.9	

审核：肖捷　　　　　　　　　　　　　　　　　　　　　　　　　制表：王伟

步骤 2：根据领料单，填制表 1-2-27 原材料耗用情况工作底稿。

表 1-2-27

原材料耗用情况工作底稿

金额单位：元

品名	单位	单价	铸造车间						机械加工车间								厂部		修理车间		供汽车间		合计	
			铁铸件		铝铸件		共同耗用		M520		M521		共同耗用		一般耗用									
			数量	金额	数量	金额	数量	金额	数量	金额	数量	金额	数量	金额	数量	金额	数量	金额	数量	金额	数量	金额	数量	金额
生铁	吨																								
铝锭	吨																								
润滑油	千克																								
油漆	千克																								
电动机	台																								
轴承	套																								
电器元件	套																								
标准件	套																								
包装箱	只																								
煤	吨																								
焦炭	吨																								
柴油	千克																								
合计																								

记 账 凭 证

年 月 日 　　　　　　　　　　　第（略）号

摘　要	总账科目	明细科目	借方金额									贷方金额									
			百	十	万	千	百	十	元	角	分	百	十	万	千	百	十	元	角	分
合　计																				

附单据　张

财务主管：　　　　　记账：　　　　　审核：　　　　　制单：

图　1-2-1

步骤 6：登记明细账。

根据记账凭证，登记表 1-2-30～表 1-2-36 生产成本明细账及制造费用明细账。

表　1-2-30

生产成本明细账

车间名称：　　　　　　　　　产品名称：　　　　　　　　　单位：元

年		凭证字号	摘要	借方	贷方	方向	余额	借方金额分析			
月	日							直接材料	直接人工	制造费用	废品损失
		略									

表　1-2-31

生产成本明细账

车间名称：　　　　　　　　　产品名称：　　　　　　　　　单位：元

年		凭证字号	摘要	借方	贷方	方向	余额	借方金额分析			
月	日							直接材料	直接人工	制造费用	废品损失
		略									

表　1-2-32

生产成本明细账

车间名称：　　　　　　　　　产品名称：　　　　　　　　　单位：元

年		凭证字号	摘要	借方	贷方	方向	余额	借方金额分析			
月	日							直接材料	直接人工	制造费用	废品损失
		略									

表　1-2-33

生产成本明细账

车间名称：　　　　　　　　　　　　产品名称：　　　　　　　　　　　单位：元

年		凭证字号	摘要	借方	贷方	方向	余额	借方金额分析			
月	日							直接材料	直接人工	制造费用	废品损失
		略									

表　1-2-34

生产成本明细账

车间名称：　　　　　　　　　　　　产品名称：　　　　　　　　　　　单位：元

年		凭证字号	摘要	借方	贷方	方向	余额	借方金额分析			
月	日							直接材料	直接人工	制造费用	废品损失
		略									

表　1-2-35

生产成本明细账

车间名称：　　　　　　　　　　　　产品名称：　　　　　　　　　　　单位：元

年		凭证字号	摘要	借方	贷方	方向	余额	借方金额分析			
月	日							直接材料	直接人工	制造费用	废品损失
		略									

表　1-2-36

制造费用明细账

车间名称：机械加工车间　　　　　　　　　　　　　　　　　　　　　单位：元

年		凭证字号	摘要	借方	贷方	方向	余额	借方金额分析							
月	日							材料费	人工费	折旧费	水电费	保险费	办公费	辅助生产费用	其他
		略													

 任务评价

使用表 1-2-37 进行任务评价。

表 1-2-37

材料费用的分配任务评价表

班级		姓名			学号	
项目1 任务1.2			材料费用的分配			
评价项目	评价标准	分值	自评	互评	师评	总评
发出材料单价	单价计算准确	10				
原材料耗用情况底稿	费用归集准确、数据计算正确	15				
分配原材料	产品产量比例法使用正确	15				
分配原材料	定额消耗量比例法使用正确	15				
记账凭证及账簿	记账凭证编制准确、明细账填制无误	15				
工作态度	严谨认真、无缺勤、无迟到早退	10				
工作质量	按计划完成工作任务	10				
职业素质	遵纪守法、诚实守信、团队合作	10				
合　计		100				

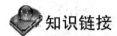 知识链接

知识点1：实际成本法下发出材料的核算方式

实际成本法下，发出材料共有三种核算方式：先进先出法、个别计价法和加权平均法。

知识点2：计划成本法下发出材料的核算方式

按计划成本进行的材料核算的特点是材料的总账及明细账必须是根据收、发料凭证或收、发料凭证汇总表按计划成本登记。

为了核算材料采购的实际成本、计划成本，调整发出材料的成本差异，计算发出和结存材料的实际成本，除设置"原材料"科目外，还应设立"材料采购"和"材料成本差异"两个总账科目，并应按照材料类别设立材料采购明细账和材料成本差异明细账。

月末为了调整发出材料的成本差异，计算发出材料的实际成本，还必须根据"原材料"和"材料成本差异"科目计算材料成本差异率，其计算公式为

$$材料成本差异率=\frac{月初结存材料成本差异+本月收入材料成本差异}{月初结存材料计划成本+本月收入材料计划成本}\times100\%$$

根据材料成本差异率和发出材料的计划成本，可以计算发出材料的成本差异，其计算公式为

$$发出材料成本差异=发出材料计划成本\times材料成本差异率$$

如果库存材料比较多，本月发出的材料全部或者大部分是以前月份购入的材料，也可以根据上月末、本月初结存材料的成本差异率计算，即

$$材料成本差异率=\frac{月初结存材料成本差异}{月初结存材料计划成本}\times100\%$$

采用上月末、本月初的材料成本差异率，可以简化和加速发出材料的材料成本差异的核算工作。材料成本差异率的计算方法一经确定，不应任意变更。

由于"材料成本差异"总账科目应按原材料、周转材料等材料类别设立明细账，因而材料成本差异率也应按照材料类别计算。

知识点 3："假退料"的操作

对生产所剩余料，应该编制退料单，据以退回仓库。对车间已领未用，下月需继续耗用的材料，可采取"假退料"的形式处理。"假退料"是指材料实物仍在车间，只是在凭证传递上，填制一张本月退料单，表示该项余料已经退库，同时编制一张下个月的领料单，表示该项余料又作为下个月的领料出库。

"假退料"的操作

知识点 4：原材料分配的万能公式

$$费用分配率 = \frac{待分配费用总额}{各分配对象分配标准合计}$$

某分配对象应分配费用＝该分配对象的分配标准×费用分配率

知识点 5：原材料费用的分配标准

原材料费用的分配标准包括产品产量、产品体积、产品重量、材料消耗定额、定额费用。

原材料分配的万能
公式和原材料费用
的分配标准

知识点 6：定额消耗量比例分配法

定额消耗量比例分配法是按照产品材料定额消耗量比例分配材料费用的方法。该方法适用于各种材料消耗定额比较健全且相对准确的材料费用的分配，以及多种产品消耗一种材料的情况。

定额消耗量比例分配法的工作步骤如下。

（1）计算某种产品的定额消耗量

某种产品的定额消耗量＝该种产品的实际产量×单位产品材料消耗定额

（2）计算各种产品的定额消耗量之和

将各种产品的定额消耗量相加求和。

（3）计算分配率（单位定额消耗量应分配的材料数量）

$$材料消耗量分配率 = \frac{材料实际总耗量}{各种产品材料定额消耗总量}$$

（4）计算各种产品应分配的材料数量

某种产品应分配的材料数量＝该种产品的材料定额消耗量×材料消耗量分配率

（5）计算各种产品应分配的材料费用

某种产品应分配的材料费用＝该种产品应分配的材料数量×材料单价

定额消耗量
比例分配法

知识点 7：定额费用比例分配法

定额费用比例分配法是以产品材料定额成本为标准分配材料费用的一种方法。该方法适用于多种产品共同耗用多种材料的情况，也可用于多种产品耗用一种材料的情况。

定额费用比例分配法的工作步骤如下。

（1）计算各种产品的材料定额费用

某种产品某种材料定额费用＝该种产品实际产量×单位产品该种材料费用定额

（2）计算各种产品的材料定额费用之和

将各种产品的材料定额费用相加求和。

定额费用比例
分配法

（3）计算分配率

$$材料费用分配率 = \frac{各种材料实际费用总额}{各种产品材料定额费用之和}$$

（4）计算何种产品应分配的材料费用

某种产品应负担的材料费用＝该种产品各种材料定额费用×材料费用分配率

任务 1.3　外购动力耗费的分配

 任务目标

知识目标：

- 掌握外购动力费分配方法。
- 掌握外购动力费会计分录的编制要领。

技能目标：

能根据企业的实际情况和外购动力费分配表，编制相应的会计分录并登记明细账。

素养目标：

- 树立严谨求实的工作作风。
- 培养协作能力。
- 培养遵守企业财务制度和严格执行财经法规纪律的职业素养。

学习情境

朝阳机械厂在各车间安有相应的仪表，以便观测各车间的水、电使用情况，各车间的受益情况详见表 1-3-1 和表 1-3-2。

表　1-3-1

劳务供应通知单

20××年 9 月 30 日

车间	产品名称	生产数量	单位标准工时	车间本月用水/吨	车间本月用电/千瓦时
铸造车间	铁铸件	68	18	350	8 850
	铝铸件	4	145		
机械加工车间	M520	24	78	270	1 200
	M521	31	113		

表　1-3-2

劳务供应通知单

20××年 9 月 30 日

耗费项目	各受益对象供应量			
	修理车间	供汽车间	管理部门	销售部门
用水量/吨	80	180	5	5
用电量/千瓦时	120	200	200	50

9月全厂水表读数为 890 吨,单价为 4.2 元/吨(不含税);全厂的电表读数为 10 620 千瓦时,每度电费为 0.8 元;已知自来水适用的增值税税率为 9%,电力的增值税税率为 13%。

朝阳机械厂采用标准生产工时比例分配法分配动力费用。

分配率计算保留 6 位小数,其他数据的计算保留两位小数。

 任务要求

按照学习情境描述的资料完成外购动力费的分摊,任务要求如下。

(1) 根据表 1-3-1 和表 1-3-2 的相关数据,结合公司的财务制度,分配并填写表 1-3-3 外购水费分配表和表 1-3-4 外购电费分配表。

(2) 根据表 1-3-3 和表 1-3-4 的相关信息填制图 1-3-1、图 1-3-2 记账凭证。

(3) 根据图 1-3-1、图 1-3-2 所示记账凭证登记表 1-3-5～表 1-3-10 明细账。

 获取信息

引导问题 1:外购动力应如何进行分配?

> **小提示** 外购动力费应按用途进行分配。

在有仪表记录的情况下,按照仪表所示耗用动力数量以及动力单价计算;在没有安装仪表以及车间生产用的动力无法按产品安装仪表的情况下,所发生的外购动力费用应采用一定的分配方法在各受益对象之间进行分配。

引导问题 2:外购动力费的明细账登记要领都有哪些?

> **小提示** ①基本生产车间分车间和产品品种登记,记入"基本生产成本"当中的"制造费用"成本项目。②辅助生产车间分车间进行登记,记入"辅助生产成本"的"直接材料"成本项目。③车间一般耗费在制造费用中,记入"水电费"费用项目。④摘要写"分配电费""分配水费"。

引导问题 3:两张劳务通知单有什么区别,应注意什么问题?

> **小提示** 一张具体到基本生产车间生产产品上,属于基本生产成本;另一张是其他受益单位的一般用电,按照用途计入成本费用。

引导问题 4:外购动力分配率的计算应注意什么问题?

> **小提示** 基本生产车间的用水、用电按照标准工时进行分配;其他收益部门按照使用量计算分配。

 任务实施

步骤 1:根据表 1-3-1 和表 1-3-2 的相关数据,结合公司的财务制度,分配并填写表 1-3-3 和表 1-3-4。

表 1-3-3

朝阳机械厂

外购水费分配表

20××年 9 月

金额单位：元

应借科目		成本或费用项目	分配计入				水费分配		
			生产数量	标准工时	标准工时	分配率	用水吨数	单价	分配金额
基本生产成本	铸造车间	铁铸件 制造费用							
		铝铸件 制造费用							
		小计							
	机械加工车间	M520 制造费用							
		M521 制造费用							
		小计							
辅助生产成本	供汽车间	直接材料							
	修理车间	直接材料							
		小计							
管理费用	管理部门	水电费							
销售费用	销售部门	水电费							
合计									

审核：肖捷

制表：王伟

表 1-3-4

朝阳机械厂

外购电费分配表

20××年 9 月

金额单位：元

应借科目			成本或费用项目	分配计入				电费分配		
				生产数量	标准工时	标准工时	分配率	用电度数	单价	分配金额
基本生产成本	铸造车间	铁铸件	制造费用							
		铝铸件	制造费用							
		小计								
	机械加工车间	M520	制造费用							
		M521	制造费用							
		小计								
辅助生产成本	供汽车间		直接材料							
	修理车间		直接材料							
	小计									
管理费用	管理部门		水电费							
销售费用	销售部门		水电费							
合计										

审核：肖捷

制表：王伟

步骤 2：根据表 1-3-3、表 1-3-4 的相关信息填制外购动力费的记账凭证，见图 1-3-1 和图 1-3-2。

记 账 凭 证

年   月   日   第(略)号

摘 要	总账科目	明细科目	借方金额									贷方金额									
			百	十	万	千	百	十	元	角	分	百	十	万	千	百	十	元	角	分
合 计																					

财务主管：   记账：   审核：   制单：

图   1-3-1

记 账 凭 证

年   月   日   第(略)号

摘 要	总账科目	明细科目	借方金额									贷方金额									
			百	十	万	千	百	十	元	角	分	百	十	万	千	百	十	元	角	分
合 计																					

财务主管：   记账：   审核：   制单：

图   1-3-2

步骤 3：根据记账凭证登记表 1-3-5～表 1-3-10 明细账。

表   1-3-5

生产成本明细账

车间名称：   产品名称：   单位：元

年		凭证字号	摘要	借方	贷方	方向	余额	借方金额分析			
月	日							直接材料	直接人工	制造费用	废品损失
		略									

表　1-3-6

生产成本明细账

车间名称：　　　　　　　　　　　产品名称：　　　　　　　　　　　单位：元

年		凭证字号	摘要	借方	贷方	方向	余额	借方金额分析			
月	日							直接材料	直接人工	制造费用	废品损失
		略									

表　1-3-7

生产成本明细账

车间名称：　　　　　　　　　　　产品名称：　　　　　　　　　　　单位：元

年		凭证字号	摘要	借方	贷方	方向	余额	借方金额分析			
月	日							直接材料	直接人工	制造费用	废品损失
		略									

表　1-3-8

生产成本明细账

车间名称：　　　　　　　　　　　产品名称：　　　　　　　　　　　单位：元

年		凭证字号	摘要	借方	贷方	方向	余额	借方金额分析			
月	日							直接材料	直接人工	制造费用	废品损失
		略									

表　1-3-9

生产成本明细账

车间名称：　　　　　　　　　　　产品名称：　　　　　　　　　　　单位：元

年		凭证字号	摘要	借方	贷方	方向	余额	借方金额分析			
月	日							直接材料	直接人工	制造费用	废品损失
		略									

表　1-3-10

生产成本明细账

车间名称：　　　　　　　　　　　产品名称：　　　　　　　　　　　单位：元

年		凭证字号	摘要	借方	贷方	方向	余额	借方金额分析			
月	日							直接材料	直接人工	制造费用	废品损失
		略									

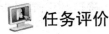

任务评价

使用表 1-3-11 进行任务评价。

表 1-3-11

外购动力耗费的分配任务评价表

班级		姓名			学号	
项目1 任务 1.3		外购动力耗费的分配				
评价项目	评价标准	分值	自评	互评	师评	总评
外购水费分配表	分配率计算准确	10				
外购电费分配表	分配率计算准确	15				
外购动力费用	金额归集、分配准确	15				
记账凭证填制	记账凭证编制准确	15				
相关明细账	明细账登记无误	15				
工作态度	严谨认真、无缺勤、无迟到早退	10				
工作质量	按计划完成工作任务	10				
职业素质	遵纪守法、诚实守信、团队合作	10				
合　　计		100				

知识链接

知识点 1：外购动力的定义和支出的核算原理

（1）外购动力的定义

外购动力是指向外单位购买电力、蒸汽、煤气等动力所支付的费用。

（2）外购动力费用支出的核算原理

在实际工作中，外购动力费用一般不是在每月月末支付，而是在每月下旬的某日支付，贷记"应付账款"科目。这是为什么呢？因为支付日计入的动力费用并不完全是当月动力费用，而是上月付款日到本月付款日的动力费用。所以，为了正确地计算当月动力费用，不仅要计算扣除上月付款日到上月末的已付动力费用，还要补记当月付款日到当月末的应付未付动力费用，核算工作量太大。因此，支付动力费用时一般都通过"应付账款"科目，只在每月的月末分配登记一次动力费用。这样核算"应付账款"科目时，借方所记本月已付动力费用与贷方所记本月应付动力费用，往往不相等，从而会出现月末余额。如果月末余额在借方，表示本月实际支付款大于应付款，多付的动力费用可以抵冲下月应付费用；如果月末余额在贷方，表示本月应付款大于实际支付款，形成应付动力费用，可以在下月支付。

如果每月支付动力费用的日期基本固定，而且每月付款日到月末的应付动力费用相差不多，各月付款日到月末的应付动力费用可以互相抵消。如果不影响各月动力费用核算的正确性，也可以不通过"应付账款"科目，而直接借记有关成本、费用类科目，贷记"银行存款"科目。

知识点 2：外购动力费用的分配原理

外购动力费用的分配也必须通过编制外购动力费用分配表进行。外购动力有的直接用于产品生产，如生产工艺过程耗用电力；有的间接用于生产，如生产车间照明用；有的用于行政经营管理，如行政管理部门耗用等。这些动力费用是按用途进行分配的，在有仪表记录的情况下，按照仪表所示耗用动力数量以及动力单价计算；在没有安装仪表以及车间生产用

外购动力费用
的分配原理

的动力无法按不同产品分别安装仪表的情况下，所发生的外购动力费用应采用一定的分配方法在受益对象之间进行分配。分配方法有生产工时比例分配法、机器工时比例分配法、定额耗用量比例分配法等。

在进行外购动力费用分配的账务处理时，直接用于产品生产的外购动力，能分清是哪种产品耗用的，可直接记入该种产品成本明细账的"燃料及动力"成本项目；不能分清是哪种产品耗用的，则应采用上述的分配方法将外购动力费用分配到各产品的成本中。照明、取暖用动力费用分别记入"制造费用"和"管理费用"科目及其所属的明细账中。

任务 1.4　人工费耗费的分配

 任务目标

知识目标：

掌握人工费用的分配以及计时工资、计件工资的计算方法。

技能目标：

能根据企业的实际情况，编制工资结算单、工资结算汇总表、人工费用分配表、工资附加费用计提表，胜任企业成本核算工作。

素养目标：

- 树立成本核算工作的细致与系统性观念。
- 培养自觉遵守会计法规和企业规章制度的意识，具备诚实守信的职业道德、良好的团队协作精神。

学习情境

朝阳机械厂对生产工人实行计件工资制，各车间、工段生产工人的计件工资额由工厂人事部门根据完成的生产任务等有关资料计算后，通知财务部门的工资核算员，由工资核算员按工段、车间分别编制工资结算单（表），作为工资核算的原始依据。

各生产车间生产工人的工资作为间接费用，按各产品生产工时比例分配记入该产品的基本生产明细账的"直接人工成本"项目。

20××年 9 月相关车间工人及岗位明细见表 1-4-1。

表 1-4-1

车间工人及岗位明细

员 工 姓 名	岗 位
刘勇	铁铸件工作班
赵梦	铁铸件工作班
王峰	铁铸件工作班
张强	铁铸件工作班
李俊	铁铸件工作班
李超	铁铸件工作班
田甜	铁铸件工作班
张南	铝铸件工作班
冯力	铝铸件工作班
陈红	铝铸件工作班
周青	保养班
徐力	保养班

20××年9月计算工资的有关资料见表1-4-2～表1-4-10。

表 1-4-2

朝阳机械厂补贴标准

20××年9月 金额单位：元

项目	单位	金额	项目	单位	金额	项目	金额
夜班津贴	1班次	25	各种补贴	人	60	职工福利	100

表 1-4-3

考勤统计表

编报：铸造车间 20××年9月 单位：天

姓名	出勤分类				缺勤分类		备注
	出勤	加班	中班	夜班	病假	事假	
周青	19			4	5		按月基本工资的10%扣罚病假工资
徐力	18			5		2	
合计							其他员工全勤

表 1-4-4

保养班工资、奖金通知单

部门：铸造车间 20××年9月 单位：元

姓名	基本工资	月度奖
周青	3 045.00	100
徐力	2 827.50	185

表 1-4-5

生产工时统计表

20××年9月 单位：小时

铸造车间		机械加工车间	
铁铸件	铝铸件	M520	M521
1 269	577	2 606	2 766

表 1-4-6

铁铸件工作班产量记录

部门：铸造车间 20××年9月

产品名称	检验情况				合格品工资		
	交验数/吨	合格数/吨	工废数	料废数	计件单价/元	产量/吨	合计/元
铁铸件	68	68			352	68	23 936

表 1-4-7

铁铸件工作班工时记录

部门：铸造车间 20××年9月 单位：小时

姓名	刘勇	赵梦	王峰	张强	李俊	李超	田甜	合计
工时	185	191	172	192	185	172	172	1 269

表 1-4-8

铝铸件工作班产量记录

部门：铸造车间 20××年9月

产品名称	检验情况				合格品工资		
	交验数/吨	合格数/吨	工废数	料废数	计件单价/元	产量/吨	合计/元
铝铸件	4	4			2 583.50	4	10 334.00

表 1-4-9

铝铸件工作班工时记录及系数表

部门：铸造车间 20××年9月 单位：小时

姓名	实际工作小时	系数
张南	192	1.1
冯力	195	1
陈红	190	1
合计	577	—

表　1-4-10

朝阳机械厂职工扣款通知

车间：铸造车间 　　　　　　　　　　20××年 9 月 　　　　　　　　　　单位：元

姓名	计提基数	代扣款项				
		医疗保险(2%)	养老保险(8%)	失业保险(1%)	公积金(12%)	小计
刘勇	3 369.49	67.39	269.56	33.69	404.34	774.98
赵梦	3 302.66	66.05	264.21	33.03	396.32	759.61
王峰	3 304.28	66.09	264.34	33.04	396.51	759.98
张强	3 473.52	69.47	277.88	34.74	416.82	798.91
李俊	3 369.49	67.39	269.56	33.69	404.34	774.98
李超	3 304.28	66.09	264.34	33.04	396.51	759.98
田甜	3 304.28	66.09	264.34	33.04	396.51	759.98
张南	3 360.75	67.22	268.86	33.61	403.29	772.98
冯力	3 439.95	68.80	275.20	34.40	412.79	791.19
陈红	3 083.29	61.67	246.66	30.83	369.99	709.15
周青	3 235.00	64.70	258.80	32.35	388.20	744.05
徐力	2 937.50	58.75	235.00	29.38	352.50	675.63
合计	39 484.49	789.71	3 158.75	394.84	4 738.12	9 081.42

 任务要求

根据学习情境描述的资料完成人工成本的分摊,任务要求如下。

(1) 根据表 1-4-2～表 1-4-4 资料,采用扣除缺勤工资的方法,按照法定工作日 21.75 天,计算保养班工人周青和徐力的应付工资。

(2) 根据表 1-4-6、表 1-4-7 资料,以实际工作小时为分配标准,计算铁铸件工作班工人的计件工资,填制表 1-4-11 铁铸件工作班集体工资分配表。

(3) 根据表 1-4-8、表 1-4-9 资料,以标准工时为分配标准,计算铝铸件工作班工人的计件工资,并填制表 1-4-12 铝铸件工作班集体工资分配表。

(4) 根据计算的保养班工人应付工资额以及表 1-4-10～表 1-4-12 中的资料,填制表 1-4-13 工资结算单。

(5) 根据表 1-4-13 工资结算单,完成表 1-4-14 工资结算汇总表相关内容。

(6) 根据表 1-4-5 生产工时统计表和表 1-4-14 工资结算汇总表的资料,计算并填制表 1-4-15 工资费用分配表。

(7) 根据表 1-4-2 朝阳机械厂补贴标准,填制表 1-4-16 职工福利费汇总表。

(8) 按照标准工时法分配职工福利,铸造车间本月完工铁铸件 67 吨,铝铸件 3 吨,一吨铁铸件的标准工时为 18 小时，一吨铝铸件的标准工时为 145 小时；机械加工车间 M520 本月完工 24 件，M521 本月完工 31 件，一件 M520 的标准工时为 78 小时，一件 M521 的标准工时为 113 小时，结合表 1-4-16 职工福利费汇总表的相关信息，计算并填制表 1-4-17 职工福利费分配表。

（9）根据表 1-4-14、表 1-4-15 和表 1-4-17 编制图 1-4-1～图 1-4-3 的记账凭证。

（10）根据记账凭证登记表 1-4-18～表 1-4-25 有关成本费用明细账。

分配率计算保留四位小数，其他数据计算结果保留两位小数。

获取信息

引导问题 1：职工工资的组成内容都有哪些？

> **小提示** 工资总额的组成内容有计时工资、计件工资、奖金、津贴和补贴、加班加点工资、特殊情况下支付的工资。

引导问题 2：对于按缺勤天数扣除缺勤工资计算的职工，其应得计时工资如何计算？

> **小提示** 职工应得计时工资＝职工月工资标准－事假及矿工天数×日工资标准－病假天数×日工资标准×病假扣款率。

引导问题 3：职工的应付工资如何计算？实发工资如何计算？

> **小提示** 应付工资＝应付计时工资＋应付计件工资＋奖金＋津贴和补贴＋加班加点工资＋特殊情况下支付的工资；实发工资＝应付工资＋代发款项－代扣款项。

引导问题 4：工资分配率应如何计算？计时工资应如何计算？

> **小提示** 工资分配率＝车间生产工人计时工资总额÷各种产品实际（或定额）工时之和；某产品应分配的计时工资＝该产品实际（或定额工时）×工资费用分配率。

引导问题 5：填写工资结算单的要领有哪些？

> **小提示** 按照车间、部门填写，列出该部门所有人的姓名。应付工资＝基础工资＋奖金＋加班工资＋补贴津贴－应扣工资，代扣款项＝应付工资×比例。表内数据涉及保养班工人应付工资、铝铸件工作班集体工资分配表、铁铸件工作班集体工资分配表以及代扣款项通知单，要仔细查找、计算、填写。

引导问题 6：工资费用分配表的填写要领有哪些？

> **小提示** 按照工资结算汇总表填写分配表合计数。基本生产车间生产工作人员工资对应的"基本生产成本"按照生产工时分配记入。辅助生产车间工作人员的工资对应"制造

费用"直接记入。管理部门和销售部门工作人员的工资直接记入。

任务实施

步骤 1：采用扣除缺勤工资的方法，按照法定工作日 21.75 天，计算保养班工人周青和徐力的应付工资。

步骤 2：计算铁铸件工作班工人的计件工资，填制表 1-4-11 铁铸件工作班集体工资分配表。

表 1-4-11

铁铸件工作班集体工资分配表

部门：铸造车间   20××年9月   金额单位：元

姓名	实际工作时长/小时	分配率	计件工资
刘勇			
赵梦			
王峰			
张强			
李俊			
李超			
田甜			
合计			

步骤 3：计算铝铸件工作班工人的计件工资，并填制表 1-4-12 铝铸件工作班集体工资分配表。

表 1-4-12

铝铸件工作班集体工资分配表

部门：铸造车间   20××年9月   金额单位：元

姓名	实际工作时长/小时	系数	标准工时/小时	分配率	计件工资
张南					
冯力					
陈红					
合计					

步骤 4：填制表 1-4-13 工资结算单。

步骤 5：根据表 1-4-13，完成表 1-4-14 工资结算汇总表相关内容。

表 1-4-13

工资结算单

20××年 9 月

部门：铸造车间

单位：元

姓名	基础工资	奖金	加班工资	津贴		应扣工资		应付工资	代扣款项					实发金额
				物价	中夜班	病假	事假		医疗保险(2%)	养老保险(8%)	失业保险(1%)	公积金(12%)	小计	
刘勇				60			180							
赵梦				60			360							
王峰				60										
张强				60		28	180							
李俊				60			180							
李超				60										
田甜				60										
张南				60			360							
冯力				60										
陈红				60			270							
周青														
徐力														
合计														

表 1-4-14

工资结算汇总表

20××年9月

金额单位：元

部门		部门人数	应付工资	五险一金基数	短期薪酬					离职后福利		合计
					医疗保险 10.00%	工伤保险 0.20%	生育保险 0.80%	住房公积金 12.00%	工会经费 2.00%	养老保险 16.00%	失业保险 0.80%	
铸造车间	铁铸件			26 000.00								
	铝铸件	12		11 000.00								
	小计			37 000.00								
机械加工车间	M520			34 000.00								
	M521	19		36 000.00								
	小计		71 894.68	70 000.00								
铸造车间		2	7 896.90	7 500.00								
机械加工车间		2	8 225.94	8 200.00								
修理车间		8	28 955.29	26 000.00								
供汽车间		4	14 477.65	12 000.00								
管理部门		5	32 903.64	30 000.00								
销售部门		4	19 742.25	17 000.00								
合计		56										

审核：肖丽捷   制单：肖志伟

步骤 6：根据表 1-4-5 生产工时统计表和表 1-4-14 工资结算汇总表资料，计算并填制表 1-4-15 工资费用分配表。

表　1-4-15

工资费用分配表

20××年 9 月　　　　　　　　　　　　　　　　　金额单位：元

部门		应付工资				
		直接计入	分配计入			合计
			生产工时/小时	分配率	分配金额	
铸造车间	铁铸件					
	铝铸件					
	小计					
机械加工车间	M520					
	M521					
	小计					
铸造车间						
机械加工车间						
修理车间						
供汽车间						
管理部门						
销售部门						
合　计						

步骤 7：按照机械厂补贴标准填写表 1-4-16 职工福利费汇总表。

表　1-4-16

职工福利费汇总表

20××年 9 月　　　　　　　　　　　　　　　　　金额单位：元

受益对象		领用/人	分配率	分配金额
铸造车间	生产工人	12		
	管理人员	2		
机械加工车间	生产工人	19		
	管理人员	2		
修理车间		8		
供汽车间		4		
管理部门		5		
销售部门		4		
合　计		56		

审核：肖捷　　　　　　　　　　　　　　　　　　　　　　　制单：王伟

步骤 8：按照标准工时法分配职工福利并填写表 1-4-17 职工福利费分配表。

表 1-4-17

职工福利费分配表

20××年9月 金额单位：元

受益对象	分配标准/工时			分配率	分配金额
	产品	生产数量	单位标准工时		
铸造车间	铁铸件				
	铝铸件				
	小计				
机械加工车间	M520				
	M521				
	小计				
铸造车间管理人员					
机械加工车间管理人员					
修理车间					
供汽车间					
管理部门					
销售部门					
合计					

审核：肖捷 制单：王伟

步骤9：根据表1-4-14、表1-4-15及表1-4-17相关内容编制图1-4-1～图1-4-3所示记账凭证。

记 账 凭 证

年 月 日 第(略)号

摘 要	总账科目	明细科目	借方金额									贷方金额									
			百	十	万	千	百	十	元	角	分	百	十	万	千	百	十	元	角	分
合 计																					

附单据 张

财务主管： 记账： 审核： 制单：

图 1-4-1

步骤 3：分配原材料成本，编制原材料成本分配表，见表1-2-28。

表 1-2-28

原材料成本分配表

20××年9月30日　　　　　　　　　　　　　　　金额单位：元

车间	产品名称	本月生产数量	单位消耗定额	分配率	分配金额	直接计入	材料费用合计
铸造车间	铁铸件	68					
	铝铸件	4					
	小计						
机械加工车间	M520	24					
	M521	31					
	小计						
	一般耗用						
修理车间							
供汽车间							
厂部维修							
合计							

审核：肖捷　　　　　　　　　　　　　　　　　　　　　　制单：王伟

步骤 4：填写发出材料成本汇总表，见表1-2-29。

表 1-2-29

发出材料成本汇总表

朝阳机械厂　　　　　　　　　20××年9月　　　　　　　　金额单位：元

领料部门		原材料及主要材料	辅助材料	外购件	燃料	合计
铸造车间	铁铸件					
	铝铸件					
机械加工车间	M520					
	M521					
	一般耗用					
修理车间						
供汽车间						
厂部						
合计						

审核：肖捷　　　　　　　　　　　　　　　　　　　　　　制表：王伟

步骤 5：根据表1-2-29，填写图1-2-1记账凭证。

记 账 凭 证

年 月 日　　　　　　　　　　　　　　　　　　第（略）号

摘　　要	总账科目	明细科目	借方金额									贷方金额									附单据
			百	十	万	千	百	十	元	角	分	百	十	万	千	百	十	元	角	分	
																					张
合　　计																					

财务主管：　　　　　　记账：　　　　　　审核：　　　　　　制单：

图　1-4-2

记 账 凭 证

年 月 日　　　　　　　　　　　　　　　　　　第（略）号

摘　　要	总账科目	明细科目	借方金额									贷方金额									附单据
			百	十	万	千	百	十	元	角	分	百	十	万	千	百	十	元	角	分	
																					张
合　　计																					

财务主管：　　　　　　记账：　　　　　　审核：　　　　　　制单：

图　1-4-3

步骤 10：登记表 1-4-18～表 1-4-25 有关生产成本明细账及制造费用明细账。

表　1-4-18

生产成本明细账

车间名称：　　　　　　　　　产品名称：　　　　　　　　　单位：元

年		凭证字号	摘要	借方	贷方	方向	余额	借方金额分析			
月	日							直接材料	直接人工	制造费用	废品损失
			略								

表 1-4-19

生产成本明细账

车间名称：　　　　　　　　　　　产品名称：　　　　　　　　　　　单位：元

年		凭证字号	摘要	借方	贷方	方向	余额	借方金额分析			
月	日							直接材料	直接人工	制造费用	废品损失
		略									

表 1-4-20

生产成本明细账

车间名称：　　　　　　　　　　　产品名称：　　　　　　　　　　　单位：元

年		凭证字号	摘要	借方	贷方	方向	余额	借方金额分析			
月	日							直接材料	直接人工	制造费用	废品损失
		略									

表 1-4-21

生产成本明细账

车间名称：　　　　　　　　　　　产品名称：　　　　　　　　　　　单位：元

年		凭证字号	摘要	借方	贷方	方向	余额	借方金额分析			
月	日							直接材料	直接人工	制造费用	废品损失
		略									

表 1-4-22

生产成本明细账

车间名称：　　　　　　　　　　　产品名称：　　　　　　　　　　　单位：元

年		凭证字号	摘要	借方	贷方	方向	余额	借方金额分析			
月	日							直接材料	直接人工	制造费用	废品损失
		略									

表 1-4-23

生产成本明细账

车间名称：　　　　　　　　　　　产品名称：　　　　　　　　　　　单位：元

年		凭证字号	摘要	借方	贷方	方向	余额	借方金额分析			
月	日							直接材料	直接人工	制造费用	废品损失
		略									

表　1-4-24

制造费用明细账

车间名称：　　　　　　　　　　　　　　　　　　　　　　　　　　　　单位：元

年		凭证字号	摘要	借方	贷方	方向	余额	借方金额分析							
月	日							材料费	人工费	折旧费	水电费	保险费	办公费	辅助生产费用	其他
			略												

表　1-4-25

制造费用明细账

车间名称：　　　　　　　　　　　　　　　　　　　　　　　　　　　　单位：元

年		凭证字号	摘要	借方	贷方	方向	余额	借方金额分析							
月	日							材料费	人工费	折旧费	水电费	保险费	办公费	辅助生产费用	其他
			略												

 任务评价

使用表 1-4-26 进行任务评价。

表　1-4-26

人工费耗费的分配任务评价表

班级		姓名		学号		
项目 1 任务 1.4		人工费耗费的分配				
评价项目	评价标准	分值	自评	互评	师评	总评
应付工资计算	应付工资计算准确	15				
工资分配表	以实际工时为分配标准，数据计算准确	10				
工资分配表	以标准工时为分配标准，数据计算准确	10				
工资结算单	工资结算单数据计算准确	15				
人工成本记账凭证	编制、填写记账凭证准确	10				
人工成本明细账	人工成本明细账登记准确	10				
工作态度	严谨认真、无缺勤、无迟到早退	10				
工作质量	按计划完成工作任务	10				
职业素质	遵纪守法、诚实守信、团队合作	10				
合　　计		100				

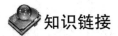 **知识链接**

知识点1：职工薪酬的内容

职工薪酬是指企业为获得职工提供的服务或解除劳动关系而给予的各种形式的报酬或补偿。职工薪酬包括短期薪酬、离职后福利、辞退福利和其他长期职工福利。企业提供给职工配偶、子女、受赡养人、已故员工遗属及其他受益人等的福利，也属于职工薪酬。职工薪酬主要包括以下几方面的内容。

（1）短期薪酬

短期薪酬是指企业在职工提供相关服务的年度报告期间结束后12个月内需要全部予以支付的职工薪酬（因解除与职工的劳动关系给予的补偿除外）。

短期薪酬具体包括职工工资、奖金、津贴和补贴，职工福利费，医疗保险费、工伤保险费和养老保险费等社会保险费，住房公积金，工会经费和职工教育经费，短期带薪缺勤，短期利润分享计划，非货币性福利以及其他短期薪酬。

① 职工工资、奖金、津贴和补贴是指构成工资总额的计时工资、计件工资、支付给职工的超额劳动报酬和增收节支的劳动报酬、为了补偿职工特殊或额外的劳动消耗和因其他特殊原因支付给职工的津贴，以及为了保证职工工资水平不受物价影响支付给职工的物价补贴等。

② 职工福利费主要是尚未实行医疗统筹企业职工的医疗费用、职工因公负伤赴外地就医路费、职工生活困难补助，以及按照国家规定开支的其他职工福利支出。

③ 社会保险费是指企业按照国务院、各地方政府规定的基准和比例计算，向社会保险经办机构缴纳的医疗保险费、养老保险费、失业保险费、工伤保险费。我国的养老保险分为基本养老保险、补充养老保险和储蓄型养老保险，基本养老保险和补充养老保险属于职工薪酬的核算范围，储蓄型养老保险不属于职工薪酬的核算范围。

④ 住房公积金。

⑤ 工会经费和职工教育经费。

⑥ 短期带薪缺勤是指企业支付工资或提供补偿的职工缺勤，包括年休假、病假、短期伤残、婚假、产假、丧假、探亲假等。

⑦ 短期利润分享计划是指因职工提供服务而与职工达成的基于利润或其他经营成果提供薪酬的协议。

⑧ 非货币性福利是指企业以自己的产品或外购商品发放给职工作为福利，企业提供给职工无偿使用自己拥有的资产或租赁资产供职工无偿使用，免费为职工提供诸如医疗保险的服务或向职工提供企业支付了一定补贴的商品或服务等。

⑨ 其他短期薪酬是指除上述薪酬以外的其他为获得职工提供的服务而给予的薪酬。

（2）离职后福利

离职后福利是指企业为获得职工提供的服务而在职工退休或与企业解除劳动关系后，提供的各种形式的报酬和福利，短期薪酬和辞退福利除外。

（3）辞退福利

辞退福利是指企业在职工劳动合同到期之前解除与职工的劳动关系，或者为鼓励职工自愿接受裁减而给予职工的补偿。

（4）其他长期职工福利

其他长期职工福利是指除短期薪酬、离职后福利、辞退福利外所有的职工薪酬，包括长期带薪缺勤、长期残疾福利、长期利润分享计划等。

知识点 2：工资总额的组成和计算公式

工资总额是各单位在一定时期内直接支付给本单位全部职工的劳动报酬总额。根据国家统计局规定，工资总额由下列六个部分组成。

工资总额的组成
和计算公式

（1）计时工资

计时工资是指按计时工资标准（包括地区生活费补贴）和工作时间支付给个人的劳动报酬，包括对已做工作按计时工资标准支付的工资，实行结构工资制的单位支付给职工的基础工资和职务（岗位）工资，新参加工作职工的见习工资，运动员体育津贴。

（2）计件工资

计件工资是指对已做工作按计件单价支付的劳动报酬，包括：实行超额累进计件、直接无限计件、超定额计件等工资制，按劳动部门或主管部门批准的定额和计件单价支付给个人的工资；按工作任务包干方法支付给个人的工资；按营业额提成或利润提成办法支付给个人的工资。

（3）奖金

奖金是指支付给职工的超额劳动报酬和增收节支的劳动报酬，包括生产奖、节约奖、劳动竞赛和其他奖金。

（4）津贴和补贴

津贴和补贴是指为了补偿职工特殊或额外的劳动消耗和因其他特殊原因支付给职工的津贴，以及为了保证职工工资水平不受物价上涨的影响支付给职工的物价补贴。

（5）加班加点工资的规定

在法定节假日期间，用人单位安排劳动者工作的，应支付不低于劳动者工资的 300% 的工资报酬，并不得以调休、补休替代。在休息日期间，安排劳动者工作又不能安排调休或补休的，应支付不低于劳动者工资的 200% 的工资报酬。在工作日延长劳动时间的，应支付不低于劳动者工资的 150% 的工资报酬。

（6）带薪休假及探亲假的相关规定

① 带薪休假。按照 2008 年起实施的《企业职工带薪年休假实施办法》规定："职工连续工作满 12 个月以上的，享受带薪年休假。用人单位经职工同意不安排年休假，或者安排职工年休假天数少于应休年休假天数，应当在本年度内对职工应休未休年休假天数，按照其日工资收入的 300% 支付未休年休假工资报酬，其中包含用人单位支付职工正常工作期间的工资收入。"

计算未休年休假工资报酬的日工资收入，按照职工本人的月工资除以月计薪天数（21.75 天）进行折算。假设月薪 3 000 元，工作 3 年可休年假 5 天，未休年假应得到的补偿是 2 069 元（3 000÷21.75×300%×5≈2 068.97）。

《职工带薪年休假条例》和《企业职工带薪年休假实施办法》中规定，职工累计工作已满 1 年不满 10 年的，年休假 5 天；已满 10 年不满 20 年的，年休假 10 天；已满 20 年的，年休假 15 天。国家法定休假日、休息日不计入年休假的假期。

② 探亲假。探亲假是指职工与配偶、父母团聚的时间,另外根据实际需要给予路程假。员工探望配偶的,每年给予一方探亲假一次,假期为 30 天。未婚员工探望父母,原则上每年给假一次,假期为 20 天,也可根据实际情况,2 年给假一次,假期为 45 天。已婚员工探望父母,每 4 年给假一次,假期为 20 天。

只有在国家机关、人民团体和国有企业、事业单位工作的员工才可以享受探亲假待遇。时间条件是工作满一年。事由条件:一是与配偶不住在一起,又不能在公休假日团聚的,可以享受探望配偶的待遇;二是与父亲、母亲都不住在一起,又不能在公休假日团聚的,可以享受探望父母的待遇。其中,不能在公休假日团聚是指不能利用公休假日在家居住一夜和休息半个白天。

知识点 3:考勤簿和工作班产量记录的用途

考勤簿考查员工出勤情况,是计时工资的计算依据。

工作班产量记录是按生产班组或个人为对象开设,反映工作班实际完成的产品数量的一种产量原始凭证,是计件工资的计算依据。

知识点 4:计时工资——月薪制和日薪制

职工的计时工资是根据考勤记录登记的每一位职工出勤或缺勤天数,按照规定的工资标准计算的。计时工资的计算方法有两种:月薪制和日薪制。

计时工资——月薪
制和日薪制

(1)月薪制

月薪制无论各月日历天数多少,每月的标准工资均相同,只要职工当月出满勤,就可以得到固定的月标准工资,企业固定职工的计时工资一般按月薪制计算。为了按照职工出勤或缺勤日数计算应付月工资,还应根据月工资标准计算日工资率。日工资率也称日工资,是指每位职工每日应得的平均工资额。

按国家规定职工每月工作时间为

$$250 \div 12 = 20.83(天/月)$$

按照《中华人民共和国劳动法》的规定,法定节假日用人单位应当依法支付工资,即折算日工资、小时工资时不剔除国家规定的 11 天法定节假日。据此,月计薪天数为

$$月计薪天数 = (365 - 104) \div 12 = 21.75(天)$$

按照这种方法计算的日工资率不论大小月一律按 21.75 天计算,月内的休息日不付工资,缺勤期间的休息日,当然也不扣工资。

此外,应付月工资可以按月标准工资扣除缺勤工资计算,其计算公式为

职工应得计时工资 = 职工月工资标准 - 事假、旷工天数 × 日工资标准 -
病假天数 × 日工资标准 × 病假扣款率

也可以直接根据职工的出勤天数计算,其计算公式为

职工应得计时工资 = 该职工本月出勤天数 × 日工资标准 + 病假天数 × 日工资标准 ×
(1 - 病假扣款率)

计算缺勤扣款时,应区别不同情况,按照国家有关规定执行。对事假和旷工缺勤的,按 100% 的比例扣发工资;对因工负伤、探亲假、婚丧假、女工产假等缺勤的,应按 100% 的比例全部照发工资;对病假或非因工负伤缺勤的,应根据劳保条例的规定,按病假期限和工龄长

短扣发一定比例的工资。

（2）日薪制

日薪制是按职工出勤天数和日标准工资计算应付计时工资的方法。企业临时职工的计时工资大多按日薪制计算。按日薪制计算计时工资的企业职工每月的全勤月工资不是固定的，而是随着当月月份大小而发生变化。对非工作时间的工资，也应按前述有关规定计算。

知识点5：计件工资定义和个人计件工资的计算方法

计件工资是根据个人或班组当月生产的实际合格品数量和规定的计件单价计算的工资。应注意：第一，完成的工作量包括完成的合格品数量和非职工操作不当所造成的废品数量（如料废）；第二，若工废（由于职工过失产生废品），往往还需根据情况确定是否由职工赔偿损失；第三，因为废料通常一旦发现立即报废，而不再继续加工，所以废料产品的计件工资应结合其完工程度来计算。

计件工资定义和
个人计件工资
的计算方法

个人计件工资的计算公式为

某职工应得计件工资＝该职工完成工作量×单位工作量工资

某职工应得计件工资＝（合格品数量＋料废数量×完工程度）×计件单价

知识点6：集体计件工资的计算方法

第一，按集体完成的工作量和计件单价计算出集体应得计件工资。

第二，将集体计件工资在各成员间进行分配，集体计件工资的计算原理同个人应得计件工资。

集体计件工资
的计算方法

知识点7：工资费用的分配流程和原理

企业的会计部门应该根据前述计算出来的职工工资，按照车间、部门分别编制工资结算单，按照职工类别和姓名分行填列应付每个职工的各种工资、代发款项、代扣款项和应发金额，作为与职工进行工资结算的依据。为了掌握整个企业工资结算和支付情况，还应根据各车间、部门的工资结算单等资料，编制全厂工资结算单（也称工资结算汇总表），同时据以编制工资费用分配表。

工资费用的分配
流程和原理

根据工资费用分配表进行工资的分配时，其中直接进行产品生产和辅助生产的生产工人工资，应分别记入"基本生产成本"和"辅助生产成本"科目；生产车间的组织和管理人员的工资应记入"制造费用"科目；企业管理人员的工资、销售人员的工资、基本建设人员的工资等，应分别记入"管理费用""销售费用""在建工程"等科目；已分配的工资总额，应记入"应付职工薪酬"科目的贷方。

采用计件工资形式支付的生产工人工资，作为直接费用，可直接计入所生产产品的成本；采用计时工资形式支付的工资，如果生产工人只生产一种产品，仍可以作为直接费用，计入所生产产品的成本。如果生产多种产品，则需要选用合适方法，在各种产品之间进行分配。一般以产品生产所耗用的生产工时作为分配标准进行分配，计算公式为

$$生产工资分配率＝\frac{应分配的工资费用}{各种产品生产工时之和}$$

某产品应分配的工资费用＝该产品的生产工时×生产工资分配率

知识点 8：五险一金和两项经费的相关规定和计提比例

（1）五险一金

五险一金是指养老保险、医疗保险、失业保险、工伤保险、生育保险和公积金，五险一金的缴纳比例是固定的，其中养老保险、医疗保险、失业保险和公积金由员工和单位一起缴纳，工伤保险、生育保险则由单位缴纳。五险一金的缴费基数由个人上一年度平均工资及当地上一年度的平均工资来确定。

（2）两项经费

两项经费是指工会经费和职工教育经费。按照税法规定，企业拨付的工会经费，不超过工资、薪酬总额的 2% 的部分允许税前扣除，除国务院财政、税务主管部门另有规定外，企业发生的职工教育经费支出，不超过工资、薪酬总额的 8% 的部分准予扣除，超过部分，准予结转以后纳税年度扣除。

知识点 9：五险一金和两项经费的计算和分配原理

（1）计算原理

全厂的社会保险及公积金计提表、工会经费、职工教育经费计提表上的数据——工资总额来源于工资费用分配表最后一列工资费用合计数。五险一金和两项经费根据工资费用与相关比例相乘得出。

五险一金和两项经费
的计算和分配原理

（2）分配原理

根据以上五险一金、两项经费计提表，将不同生产车间和部门发生的社会保险费及住房公积金记录到不同的会计科目，生产产品发生的记入"基本生产成本——××产品"科目；辅助生产车间发生的记入"辅助生产成本"科目；基本生产车间一般耗用发生的记入"制造费用"科目；销售部门发生的记入"销售费用"科目；管理部门发生的记入"管理费用"科目。

任务 1.5 固定资产折旧的分配

任务目标

知识目标：

掌握固定资产计提折旧的方法和分摊原则。

技能目标：

能根据企业财务制度计算、填制固定资产折旧提取表，并填制记账凭证、登记相关账簿。

素养目标：

- 培养认真、敬业的工作态度。
- 养成及时、严谨、真实、准确记录会计数据的良好习惯。

学习情境

朝阳机械厂各部门 20××年9月的固定资产折旧提取计算表，如表 1-5-1 所示。

表 1-5-1

固定资产折旧提取计算表

20××年9月   金额单位：元

部门		月初应计提折旧固定资产原值	折旧	
			折旧率	折旧额
铸造车间	房屋及建筑物	215 000.00	0.30％	
	机器设备	660 000.00	0.50％	
	小计	875 000.00		
机械加工车间	房屋及建筑物	430 500.00	0.30％	
	机器设备	855 000.00	0.50％	
	小计	1 285 500.00		
供汽车间	房屋及建筑物	170 100.00	0.30％	
	机器设备	311 700.00	0.50％	
	小计	481 800.00		
修理车间	房屋及建筑物	147 800.00	0.30％	
	机器设备	160 060.00	0.50％	
	小计	307 860.00		
厂部	房屋及建筑物	607 900.00	0.30％	
	机器设备	125 200.00	0.70％	
	小计	733 100.00		
合计		3 683 260.00		

审核：肖捷   制单：王伟

 任务要求

根据学习情境描述的资料计算20××年9月朝阳机械厂各部门应计提的折旧，任务要求如下。

（1）计算折旧额，填写表 1-5-2。

（2）填制计提折旧相关的记账凭证。

（3）登记有关账簿，见表 1-5-3。

 获取信息

引导问题 1：固定资产折旧计提表中的折旧额如何计算？

⸺⸺⸺⸺⸺⸺⸺⸺⸺⸺⸺⸺⸺⸺⸺⸺⸺⸺⸺⸺⸺

小提示 固定资产折旧额＝固定资产原值×折旧率。

引导问题 2：固定资产折旧的起止时间有什么规定？

⸺⸺⸺⸺⸺⸺⸺⸺⸺⸺⸺⸺⸺⸺⸺⸺⸺⸺⸺⸺⸺

小提示 当月增加的固定资产当月不计提折旧，下月起计提；当月减少的固定资产当月照提折旧，下月停提；已提足折旧，逾期仍使用的固定资产不再计提折旧；提前报废的固定资产不得补提折旧。

引导问题3：观察固定资产折旧表的结构和计算过程，讨论根据计算表编制的会计分录有什么特点？

小提示 借方没有"基本生产成本"科目。

任务实施

步骤1：计算并填写固定资产折旧提取表。

根据公司财务制度，填写并计算9月的固定资产折旧额，见表1-5-2。

表 1-5-2

固定资产折旧提取计算表

20××年9月 金额单位：元

部 门		月初应计提折旧固定资产原值	折 旧	
			折旧率	折旧额
铸造车间	房屋及建筑物	215 000.00	0.30%	
	机器设备	660 000.00	0.50%	
	小计	875 000.00		
机械加工车间	房屋及建筑物	430 500.00	0.30%	
	机器设备	855 000.00	0.50%	
	小计	1 285 500.00		
供汽车间	房屋及建筑物	170 100.00	0.30%	
	机器设备	311 700.00	0.50%	
	小计	481 800.00		
修理车间	房屋及建筑物	147 800.00	0.30%	
	机器设备	160 060.00	0.50%	
	小计	307 860.00		
厂部	房屋及建筑物	607 900.00	0.30%	
	机器设备	125 200.00	0.70%	
	小计	733 100.00		
合计		3 683 260.00		

审核：肖捷 制单：王伟

步骤2：编制记账凭证。

根据表1-5-2的内容，编制并填写固定资产折旧相关的记账凭证，见图1-5-1。

记 账 凭 证

年　月　日　　　　　　　　　　　第（略）号

摘　　要	总账科目	明细科目	借方金额									贷方金额									
			百	十	万	千	百	十	元	角	分	百	十	万	千	百	十	元	角	分
合　　计																					

附单据　张

财务主管：　　　　　　记账：　　　　　　审核：　　　　　　制单：

图　1-5-1

步骤 3：登记相关明细账。

根据填制的记账凭证，登记明细账，见表 1-5-3～表 1-5-6。

表　1-5-3

生产成本明细账

车间名称：　　　　　　　　　　　　　　　　　　　　　　　单位：元

年		凭证字号	摘要	借方	贷方	方向	余额	借方金额分析			
月	日							直接材料	直接人工	制造费用	废品损失
		略									

表　1-5-4

生产成本明细账

车间名称：　　　　　　　　　　　　　　　　　　　　　　　单位：元

年		凭证字号	摘要	借方	贷方	方向	余额	借方金额分析			
月	日							直接材料	直接人工	制造费用	废品损失
		略									

表　1-5-5

制造费用明细账

车间名称：　　　　　　　　　　　　　　　　　　　　　　　单位：元

年		凭证字号	摘要	借方	贷方	方向	余额	借方金额分析							
月	日							材料费	人工费	折旧费	水电费	保险费	办公费	辅助生产费用	其他
		略													

表 1-5-6

制造费用明细账

车间名称：   单位：元

年		凭证字号	摘要	借方	贷方	方向	余额	借方金额分析							
月	日							材料费	人工费	折旧费	水电费	保险费	办公费	辅助生产费用	其他
		略													

 任务评价

使用表 1-5-7 进行任务评价。

表 1-5-7

固定资产折旧的分配任务评价表

班级		姓名				学号	
项目1 任务1.5			固定资产折旧的分配				
评价项目		评价标准		分值	自评	互评	师评	总评
计算折旧金额		固定资产折旧金额计算正确		20				
记账凭证		记账凭证编制并填写准确		20				
明细账		明细账登记准确		20				
工作态度		严谨认真、无缺勤、无迟到早退		10				
工作质量		按计划完成工作任务		10				
职业素质		遵纪守法、诚实守信、团队合作		20				
合　　计				100				

 知识链接

知识点：固定资产折旧费的计提原则和方法

固定资产在长期使用过程中，不断发生损耗，主要分为无形损耗和有形损耗。固定资产由于损耗而减少的价值称为固定资产的折旧，应将折旧费用计入产品成本和管理费用，固定资产的折旧费用通过编制固定资产折旧计算表进行。

固定资产折旧费的
计提原则和方法

（1）计提原则

当月增加的固定资产当月不计提折旧，下月起计提；当月减少的固定资产当月照提折旧，下月停提；已提足折旧，逾期仍使用的固定资产不再计提折旧；提前报废的固定资产不得补提折旧。

（2）计算公式

本月折旧额＝上月折旧额＋上月增加固定资产应提折旧额－
上月减少固定资产应停提折旧额

任务 1.6　其他费用支出的分配

 任务目标

知识目标：

掌握保险费、报纸费、办公用品费等其他费用的计算与分配。

技能目标：

能够填制保险费、报纸费、办公用品费等其他费用的分配表。

素养目标：

- 培养认真、严谨、敬业的工作态度。
- 养成及时、真实、准确记录会计数据的良好习惯。

 学习情境

朝阳机械厂厂部购买办公用品，全公司统一分配，各部门本月发生的办公费用见表 1-6-1。

朝阳机械厂各部门领用的周转材料采用一次摊销法进行摊销，本月各部门周转材料领料单见表 1-6-2～表 1-6-5，本月周转材料的其他信息见表 1-6-6。

朝阳机械厂本月发生的财产保险和报纸杂志费除基本生产车间外，按照受益部门进行分摊，本厂本月各部门发生的财产保险费和报纸杂志费见表 1-6-7。

根据朝阳机械厂的财务制度，基本生产车间发生的其他费用支出按照标准工时法在产品之间进行分配，其他部门的相关支出一次性计入费用。本月基本生产车间的相关信息见表 1-6-8。

分配率计算保留 6 位小数，金额计算保留两位小数。

表　1-6-1

办公费用统计表

朝阳机械厂　　　　　　　　　　　20××年 9 月　　　　　　　　　金额单位：元

部门	铸造车间	机械加工车间	维修车间	供汽车间	管理部门	销售部门	合计
金额	90	90	90	90	90	90	540

审核：肖捷　　　　　　　　　　　　　　　　　　　　　　　　　　　制单：王伟

表　1-6-2

领料单

领料部门：铸造车间　　　　　　　　　　　　　　　　　　　　　　编号：9051

用　　途：一般消耗　　　　　　20××年 9 月 2 日　　　　　　　　仓库：3 号

材料			计量单位	数量		成本		
编号	材料名称	规格		请领	实发	单价	金额	会
周转材料	耐热手套		副	156	156			计
								联
合计								

领料人：刘梦　　　　　　　　　仓库：王原　　　　　　　　　　会计：王晨

表　1-6-3

领料单

领料部门：铸造车间　　　　　　　　　　　　　　　　　　　　　　　　　编号：9052

用　　途：一般消耗　　　　　　20××年9月2日　　　　　　　　　　　仓库：3号

材料			计量单位	数量		成本	
编号	材料名称	规格		请领	实发	单价	金额
周转材料	生产专用工具A		把	120	120		
合　计							

领料人：刘梦　　　　　　　　　仓库：王原　　　　　　　　　　　　会计：王晨

表　1-6-4

领料单

领料部门：机械加工车间　　　　　　　　　　　　　　　　　　　　　　编号：9053

用　　途：一般消耗　　　　　　20××年9月2日　　　　　　　　　　　仓库：3号

材料			计量单位	数量		成本	
编号	材料名称	规格		请领	实发	单价	金额
周转材料	量具		套	278	278		
合　计							

领料人：刘梦　　　　　　　　　仓库：王原　　　　　　　　　　　　会计：王晨

表　1-6-5

领料单

领料部门：机械加工车间　　　　　　　　　　　　　　　　　　　　　　编号：9054

用　　途：一般消耗　　　　　　20××年9月2日　　　　　　　　　　　仓库：3号

材料			计量单位	数量		成本	
编号	材料名称	规格		请领	实发	单价	金额
周转材料	生产专用工具B		套	142	142		
合　计							

领料人：刘梦　　　　　　　　　仓库：王原　　　　　　　　　　　　会计：王晨

表　1-6-6

周转材料领用汇总表

朝阳机械厂　　　　　　　　　　　　　20××年 9 月 30 日　　　　　　　　　　金额单位：元

材料名称	单位	期初结存			本期购入			铸造车间		机械加工部门		期末结存	
		数量	单价	金额	数量	单价	金额	数量	金额	数量	金额	数量	金额
耐热手套	副	160	0.8		200	0.6							
生产专用工具 A	把	400	125		0	0							
量具	套	380	9.8		100	9							
生产专用工具 B	套	50	200		250	200							
合　计													

审核：肖捷　　　　　　　　　　　　　　　　　　　　　　　　　　　　　　制单：王伟

表　1-6-7

财产保险费和报纸杂志费汇总表

朝阳机械厂　　　　　　　　　　　　　　　　　　　　　　　　　　　金额单位：元

部门	财产保险费	报纸杂志费	合计
铸造车间	2 000.00	100.00	2 100.00
机械加工车间	2 000.00	100.00	2 100.00
喷漆车间	1 500.00	100.00	1 600.00
供汽车间	1 500.00	100.00	1 600.00
管理部门	500.00	100.00	600.00
销售部门	500.00	100.00	600.00
合计	8 000.00	600.00	8 600.00

审核：肖捷　　　　　　　　　　　　　　　　　　　　　　　　　　　　　　制单：王伟

表　1-6-8

基本生产车间生产情况

朝阳机械厂　　　　　　　　　　　　20××年 9 月 30 日

车间部门	产品名称	生产数量	单位标准工时
铸造车间	铁铸件	68	18
	铝铸件	4	145
机械加工车间	M520	24	78
	M521	31	113

审核：肖捷　　　　　　　　　　　　　　　　　　　　　　　　　　　　　　制单：王伟

 任务要求

　　根据学习情境描述的资料，对 20××年 9 月朝阳机械厂各部门发生的其他费用支出进行分配，任务要求如下。

　　(1) 发出周转材料的单价采用加权平均法进行核算，结合表 1-6-2～表 1-6-5 领料单相关数据，计算并完成表 1-6-9 周转材料领用汇总表。

　　(2) 根据朝阳机械厂的财务制度，计算填写表 1-6-10～表 1-6-12。

（3）不考虑相关税费,根据朝阳机械厂发生的相关经济业务填制记账凭证。

（4）根据相关的记账凭证登记表1-6-13～表1-6-18明细账。

 获取信息

引导问题：基本生产车间和辅助生产车间的财产保险费和报纸杂志费分别记入什么科目？

小提示 基本生产车间的记入"制造费用"科目;辅助生产车间的记入"辅助生产成本"科目。

任务实施

步骤1：计算并填写表1-6-9。

发出材料使用加权平均法核算,计算并填写9月的"周转材料领用汇总表"。

表 1-6-9

周转材料领用汇总表

朝阳机械厂 　　　　　　　　20××年9月30日 　　　　　　　　金额单位：元

材料名称	单位	期初结存			本期购入			铸造车间		机械加工部门		期末结存	
		数量	单价	金额	数量	单价	金额	数量	金额	数量	金额	数量	金额
耐热手套	副	160	0.8		200	0.6							
生产专用工具A	把	400	125		0	0							
量具	套	380	9.8		100	9							
生产专用工具B	套	50	200		250	200							
合计													

审核：肖捷 　　　　　　　　　　　　　　　　　　　　　　　　　　制单：王伟

步骤2：根据朝阳机械厂的财务制度,计算填写表1-6-10～表1-6-12。

表 1-6-10

办公费用分配表

朝阳机械厂 　　　　　　　　20××年9月 　　　　　　　　金额单位：元

应借科目			成本或费用项目	分配计入					直接计入
				生产数量	单位标准工时	标准总工时	分配率	分配金额	费用金额
基本生产成本	铸造车间	铁铸件							
		铝铸件							
		小计							
	机械加工车间	M520							
		M521							
		小计							

续表

应借科目		成本或费用项目	分配计入					直接计入
			生产数量	单位标准工时	标准总工时	分配率	分配金额	费用金额
辅助生产成本	供汽车间							
	修理车间							
	小计							
管理费用	管理部门							
销售费用	销售部门							
合计								

审核：肖捷 　　　　　　　　　　　　　　　　　　　　　　　　　　　制单：王伟

表　1-6-11

财产保险费和报纸杂志费分配表

朝阳机械厂 　　　　　　　　　　　　　　20××年9月 　　　　　　　　金额单位：元

应借科目			成本或费用项目	分配计入					直接计入
				生产数量	单位标准工时	标准总工时	分配率	分配金额	费用金额
基本生产成本	铸造车间	铁铸件							
		铝铸件							
		小计							
	机械加工车间	M520							
		M521							
		小计							
辅助生产成本	供汽车间								
	修理车间								
	小计								
管理费用	管理部门								
销售费用	销售部门								
合计									

审核：肖捷 　　　　　　　　　　　　　　　　　　　　　　　　　　　制单：王伟

表　1-6-12

周转材料费用分配表

朝阳机械厂 　　　　　　　　　　　　　　　　　　　　　　　　金额单位：元

应借科目			成本或费用项目	分配计入				
				生产数量	单位标准工时	标准总工时	分配率	分配金额
基本生产成本	铸造车间	铁铸件	制造费用					
		铝铸件	制造费用					
		小计						
	机械加工车间	M520	制造费用					
		M521	制造费用					
		小计						

审核：肖捷 　　　　　　　　　　　　　　　　　　　　　　　　　　　制单：王伟

步骤 3：编制记账凭证。

根据企业相关经济业务实质,编制并填写图1-6-1～图1-6-3记账凭证。

记 账 凭 证

年 月 日   第(略)号

摘 要	总账科目	明细科目	借方金额									贷方金额								
			百	十	万	千	百	十	元	角	分	百	十	万	千	百	十	元	角	分
合 计																				

财务主管：   记账：   审核：   制单：

图 1-6-1

记 账 凭 证

年 月 日   第(略)号

摘 要	总账科目	明细科目	借方金额									贷方金额								
			百	十	万	千	百	十	元	角	分	百	十	万	千	百	十	元	角	分
合 计																				

财务主管：   记账：   审核：   制单：

图 1-6-2

记 账 凭 证

年 月 日   第(略)号

摘 要	总账科目	明细科目	借方金额									贷方金额								
			百	十	万	千	百	十	元	角	分	百	十	万	千	百	十	元	角	分
合 计																				

财务主管：   记账：   审核：   制单：

图 1-6-3

步骤 4：登记明细账，见表 1-6-13～表 1-6-18。

表　1-6-13

生产成本明细账

车间名称：　　　　　　　　　　　　　　　　　　　　　　　　　　　单位：元

年		凭证字号	摘要	借方	贷方	方向	余额	借方金额分析			
月	日							直接材料	直接人工	制造费用	废品损失
		略									

表　1-6-14

生产成本明细账

车间名称：　　　　　　　　　　　　　　　　　　　　　　　　　　　单位：元

年		凭证字号	摘要	借方	贷方	方向	余额	借方金额分析			
月	日							直接材料	直接人工	制造费用	废品损失
		略									

表　1-6-15

生产成本明细账

车间名称：　　　　　　　　　　　　　　　　　　　　　　　　　　　单位：元

年		凭证字号	摘要	借方	贷方	方向	余额	借方金额分析			
月	日							直接材料	直接人工	制造费用	废品损失
		略									

表　1-6-16

生产成本明细账

车间名称：　　　　　　　　　　　　　　　　　　　　　　　　　　　单位：元

年		凭证字号	摘要	借方	贷方	方向	余额	借方金额分析			
月	日							直接材料	直接人工	制造费用	废品损失
		略									

表　1-6-17

生产成本明细账

车间名称：　　　　　　　　　　　　　　　　　　　　　　　　　　　单位：元

年		凭证字号	摘要	借方	贷方	方向	余额	借方金额分析			
月	日							直接材料	直接人工	制造费用	废品损失
		略									

表 1-6-18

生产成本明细账

车间名称：   单位：元

年		凭证字号	摘要	借方	贷方	方向	余额	借方金额分析			
月	日							直接材料	直接人工	制造费用	废品损失
		略									

 任务评价

使用表 1-6-19 进行任务评价。

表 1-6-19

其他费用支出的分配任务评价表

班级		姓名			学号		
项目1 任务 1.6		其他费用支出的分配					
评价项目	评价标准		分值	自评	互评	师评	总评
领用周转材料金额	周转材料金额计算准确		10				
其他费用分配表	分配率计算准确,费用填写正确		30				
记账凭证	记账凭证编制准确		15				
明细账	明细账登记准确		15				
工作态度	严谨认真、无缺勤、无迟到早退		10				
工作质量	按计划完成工作任务		10				
职业素质	遵纪守法、诚实守信、团队合作		10				
合　计			100				

 知识链接

知识点：其他费用包含的内容和分配原则

其他费用主要包括保险费、邮电费、租赁费、修理费、差旅费、劳动保护费、排污费、外部加工费等。这些费用应当在发生时,根据有关记账凭证,按照发生的地点及部门,分别记入"制造费用""管理费用""销售费用"等科目中。

其他费用包含的
内容和分配原则

任务 1.7　辅助生产成本的归集与分配

 任务目标

知识目标：

运用交互分配法完成辅助生产费用的分配。

技能目标：

能掌握交互分配法的计算过程。

素养目标：

• 培养求实、敬业的工作态度。

• 养成及时、严谨、真实、准确记录会计数据的良好习惯。

 学习情境

朝阳机械厂的辅助生产费用分配采用一次交互分配法。辅助生产车间供应劳务的受益情况见表 1-7-1。

表　1-7-1

辅助生产车间供应劳务的受益情况汇总表

20××年 9 月

受益对象		供汽车间/吨	修理车间/工时
供汽车间			45
修理车间		8	
铸造车间	铁铸件	28	36
	铝铸件	28	36
	一般消耗	15	20
机械加工车间	M520	43	52
	M521	43	52
	一般消耗	21	30
行政部门		8	22
合计		194	293

审核：肖捷　　　　　　　　　　　　　　　　　　　　　　　　制表：王伟

 任务要求

根据学习情境描述的资料，对 20××年 9 月朝阳机械厂发生的辅助生产费用进行分配，任务要求如下。

（1）根据任务 1.2～任务 1.6 有关资料，确定各辅助生产车间发生的辅助生产成本，完成并填写表 1-7-2。

（2）根据朝阳机械厂的财务制度，采用交互分配法将辅助生产费用在产品之间进行分配，计算并填写表 1-7-3。

（3）根据朝阳机械厂发生的相关经济业务填制记账凭证。

（4）根据相关的记账凭证登记明细账。

分配率的计算保留六位小数，其他数据保留两位小数。

获取信息

引导问题 1：交互分配法的工作原理是什么？

小提示 将辅助生产费用先在辅助生产车间之间进行分配,再对辅助生产车间以外的受益部门进行分配。

引导问题 2：辅助生产车间的交互分配率如何计算？

小提示

$$某辅助生产车间交互分配率=\frac{某辅助生产车间交互分配前待分配费用总额}{辅助生产车间对所有部门提供的劳务总量}。$$

引导问题 3：辅助生产车间的对外分配率如何计算？

小提示

$$某辅助生产车间费用对外分配率=\frac{某辅助生产车间交互分配待分配费用总额}{辅助生产车间对外提供劳务数量之和}。$$

引导问题 4：交互分配法适用于什么情境,有哪些优缺点？

小提示 交互分配法适用于辅助生产部门之间相互提供产品或劳务数量较多的情况,其优点是提高了分配结果的正确性,缺点是因为要进行两次分配,加大了工作量。

任务实施

步骤 1：根据任务 1.2～任务 1.6 有关资料,确定各辅助生产车间发生的辅助生产成本,完成并填写表 1-7-2。

表 1-7-2

辅助生产车间费用

20××年 9 月 单位:元

费 用 类 别	供 汽 车 间	修 理 车 间
原材料		
人工费		
折旧费用		
其他费用		
合计		

审核:肖捷 制表:王伟

步骤 2：根据朝阳机械厂的财务制度,采用一次交互分配法将辅助生产费用在产品之间进行分配,计算并填写表 1-7-3。

表　1-7-3

辅助生产费用分配表

20××9 月 30 日

分配对象			交互分配		对外分配		合计
辅助生产车间名称			供汽车间	修理车间	供汽车间	修理车间	
待分配金额							
劳务数量							
费用分配率							
辅助生产车间	供汽车间	数量					
		金额					
	修理车间	数量					
		金额					
	小计						
铸造车间	铁铸件						
	铝铸件						
	一般消耗						
机械加工车间	M520						
	M521						
	一般消耗						
管理部门							
合计							

审核：肖捷　　　　　　　　　　　　　　　　　　　　　　　　　　制表：王伟

步骤 3：根据朝阳机械厂发生的相关经济业务填制图 1-7-1 记账凭证。

记　账　凭　证

年　月　日　　　　　　　　　　　　　第（略）号

摘　　要	总账科目	明细科目	借方金额									贷方金额									
			百	十	万	千	百	十	元	角	分	百	十	万	千	百	十	元	角	分
合　　计																					

附单据　张

财务主管：　　　　　记账：　　　　　　审核：　　　　　　制单：

图　1-7-1

步骤 4：根据相关记账凭证填制明细账，见表 1-7-4～表 1-7-9。

表 1-7-4

生产成本明细账

车间名称：　　　　　　　　　　　　　产品名称：　　　　　　　　　　　　　单位：元

年		凭证字号	摘要	借方	贷方	方向	余额	借方金额分析			
月	日							直接材料	直接人工	制造费用	废品损失
		略									

表 1-7-5

生产成本明细账

车间名称：　　　　　　　　　　　　　产品名称：　　　　　　　　　　　　　单位：元

年		凭证字号	摘要	借方	贷方	方向	余额	借方金额分析			
月	日							直接材料	直接人工	制造费用	废品损失
		略									

表 1-7-6

生产成本明细账

车间名称：　　　　　　　　　　　　　产品名称：　　　　　　　　　　　　　单位：元

年		凭证字号	摘要	借方	贷方	方向	余额	借方金额分析			
月	日							直接材料	直接人工	制造费用	废品损失
		略									

表 1-7-7

生产成本明细账

车间名称：　　　　　　　　　　　　　产品名称：　　　　　　　　　　　　　单位：元

年		凭证字号	摘要	借方	贷方	方向	余额	借方金额分析			
月	日							直接材料	直接人工	制造费用	废品损失
		略									

表 1-7-8

制造费用明细账

车间名称：　　　　　　　　　　　　　　　　　　　　　　　　　　　单位：元

年		凭证字号	摘要	借方	贷方	方向	余额	借方金额分析							
月	日							材料费	人工费	折旧费	水电费	保险费	办公费	辅助生产费用	其他
		略													

表　1-7-9

制造费用明细账

车间名称：　　　　　　　　　　　　　　　　　　　　　　　　　　　　　　单位：元

年		凭证字号	摘要	借方	贷方	方向	余额	借方金额分析							
月	日							材料费	人工费	折旧费	水电费	保险费	办公费	辅助生产费用	其他
		略													

 ## 任务评价

使用表 1-7-10 进行任务评价。

表　1-7-10

辅助生产成本的归集与分配任务评价表

班级		姓名		学号		
项目 1 任务 1.7		辅助生产成本的归集与分配				
评价项目	评价标准	分值	自评	互评	师评	总评
确定辅助生产成本金额	辅助生产成本金额归集准确	10				
交互分配法	分配率计算准确，费用分配正确	30				
记账凭证	记账凭证编制准确	15				
明细账	明细账登记准确	15				
工作态度	严谨认真、无缺勤、无迟到早退	10				
工作质量	按计划完成工作任务	10				
职业素质	遵纪守法、诚实守信、团队合作	10				
合　　计		100				

 ## 知识链接

知识点 1：辅助生产费用的含义和账户设置

辅助生产费用是辅助生产部门进行产品生产和劳务供应时所发生的各种费用，其账户设置如下。

（1）设置"制造费用——辅助生产车间"科目

直接用于辅助生产产品或提供劳务的费用记入"辅助成产成本"科目及所属明细账有关成本项目。间接用于辅助生产产品或提供劳务而没专设成本项目的费用，辅助生产车间组织管理生产所发生的费用记入"制造费用"科目，后期直接或者分配转入"辅助生产成本"科目及所属明细账的"制造费用"成本项目中。此时，"辅助生产成本"明细账单独按成本项目设置专栏，设"制造费用"成本项目。

（2）不设置"制造费用——辅助生产车间"科目

直接用于辅助生产产品或者提供劳务的费用记入"辅助生产成本"科目及所属的明细账有

关成本项目。间接用于辅助生产产品或提供劳务而没专设成本项目的费用也是辅助生产车间组织管理生产所发生的费用,记入"辅助生产成本"科目及所属的明细账有关成本项目。此时,"辅助生产成本"明细账按成本项目和费用项目相结合设置专栏,不单独按成本项目设置专栏。

知识点 2:辅助生产费用的归集和分配原理

（1）辅助生产费用的归集

辅助生产费用的归集和分配原理

辅助生产是指为基本生产和行政管理部门服务而进行的产品生产和劳务供应。辅助生产所进行的产品生产主要包括工具、模具、修理用备件、零件制造等;辅助生产所进行的劳务供应主要包括运输、修理、供水、供电、供气、供风等服务。辅助生产部门在进行产品生产和劳务供应时所发生的各种费用就是辅助生产费用。

为了归集所发生的辅助生产费用,应设置"辅助生产成本"总账科目,按辅助生产车间及其生产的产品、劳务的种类进行明细核算。"辅助生产成本"明细账的设置与"基本生产成本"明细账相似,一般应分车间、按产品或劳务设置,明细账内再按规定的成本项目设置专栏。对于规模较小、发生的制造费用不多、也不对外销售产品或劳务的车间,为了简化核算工作,辅助生产车间的制造费用可以不单独设置"制造费用——辅助生产车间"明细账,而直接记入"辅助生产成本"科目及其明细账。这时"辅助生产成本"明细账应按成本项目与费用项目相结合的方式设置专栏。

（2）辅助生产费用的分配

辅助生产车间所生产产品和提供劳务的种类不同,其转出分配的程序也不同。辅助生产车间所生产产品应在完工入库时,从"辅助生产成本"科目的贷方转入"周转材料""原材料"等科目的借方。提供劳务的辅助生产部门所发生的费用,要在各受益单位之间按照所耗数量或其他比例进行分配。分配时,应从"辅助生产成本"科目的贷方转入"基本生产成本""制造费用""销售费用""管理费用""在建工程"等科目的借方。

辅助生产费用的分配应通过辅助生产费用分配表进行。分配辅助生产费用的方法很多,主要有直接分配法、交互分配法、代数分配法、计划成本分配法和顺序分配法。

知识点 3:直接分配法的工作原理和特点

（1）工作原理

直接分配法的工作原理和特点

不计算辅助生产车间相互提供产品和劳务的费用,直接将辅助生产车间发生的实际费用分配给辅助生产车间以外的各受益对象。

（2）计算公式

$$某辅助生产车间的费用对外分配率=\frac{某辅助生产车间交互分配待分配费用总和}{辅助生产车间对外提供劳务数量之和}$$

某受益对象应负担的劳务费用=该受益对象耗用的劳务数量×辅助生产费用分配率

（3）特点

直接分配法的优点是计算简单,缺点是由于辅助生产车间不相互分摊费用,所以分配结果不够准确。因此,直接分配法适用于辅助生产车间内部相互提供劳务不多、不进行交互分配对辅助生产成本和企业产品影响不大的情况。

知识点 4：交互分配法的工作原理和特点

（1）工作原理

先在辅助生产车间之间进行分配，再对辅助生产车间以外的受益部门进行分配，即分两步进行分配，先根据辅助生产车间提供的总劳务数量，计算出交互分配的分配率，计算辅助生产车间相互提供产品和劳务的费用，再将辅助生产车间发生的实际费用分配给辅助生产车间以外的各受益对象。

交互分配法的工作原理和特点

（2）工作步骤

① 辅助生产车间之间进行费用的交互分配，计算公式为

$$某辅助生产车间交互分配率=\frac{某辅助生产车间交互分配前待分配费用总额}{辅助生产车间对所有部门提供的劳务总量}$$

$$\begin{array}{l}某辅助生产车间应负担的\\\quad 其他辅助生产费用\end{array}=该生产车间耗用其他辅助生产车间的劳务量×交互分配率$$

② 将交互分配后的辅助生产车间的实际费用对外进行分配，计算公式为

$$\begin{array}{l}某辅助生产车间交互分配后的\\\quad 待分配费用总额\end{array}=该辅助生产车间交互分配前待分配费用总额+$$

$$交互分配转入的费用-交互分配转出的费用$$

$$某辅助生产车间费用对外分配率=\frac{某辅助生产车间交互分配待分配费用总额}{辅助生产车间对外提供劳务数量之和}$$

$$某受益对象应负担的劳务费用=该受益对象耗用的劳务数量×辅助生产费用对外分配率$$

（3）特点

交互分配法的优点在于提高了分配结果的正确性，缺点在于要进行两次分配，增加了工作量。因此，交互分配法适用于辅助生产部门之间相互提供产品或者劳务数量较多的情况。

知识点 5：代数分配法的工作原理和特点

（1）工作原理

首先根据业务情况建立多元一次方程组，计算出各辅助生产车间提供产品或劳务的单位成本，然后对包括含辅助生产车间的所有受益单位分配辅助生产费用。

代数分配法的工作原理和特点

（2）工作步骤

① 列出多元一次方程，计算每种劳务的单位成本。

② 直接根据各车间、部门的耗用量和计算出的单位劳务成本，计算应分配的辅助生产费用。

（3）特点

代数分配法的优点在于分配结果非常准确，缺点在于如果辅助生产车间、部门多，未知数较多，则计算工作比较复杂，适用于实现了电算化的企业。

知识点 6：计划分配法的工作原理和特点

（1）工作原理

直接根据预先确定的产品或劳务的计划单位成本和各车间、部门实际耗用的数量，计算出各车间、部门应分配的辅助生产费用。

计划分配法的工作原理和特点

（2）工作步骤

① 按预先确定的辅助生产劳务的计划成本计算各受益对象（包括辅助生产车间、部门）应分担的辅助生产费用。

② 计算各辅助生产车间的实际费用，计算公式为

某辅助生产车间实际发生的费用＝该辅助生产车间直接发生的费用＋分配转入的费用

③ 计算各辅助生产车间的成本差异，计算公式为

某辅助生产车间的成本差异＝实际发生的费用－按计划成本分配的费用

④ 对差异进行分配。

对超支差异的账务处理为

借：管理费用

　　贷：辅助生产成本

对节约差异的账务处理为

借：辅助生产成本

　　贷：管理费用

（3）特点

计划分配法的优点在于各辅助生产费用只分配一次，且劳务的计划单位成本已预先确定，不必单独计算费用分配率，简化了计算工作；通过差异计算，便于反映和考核辅助生产成本计划的执行情况；各受益单位负担的劳务费用不包括辅助生产差异的因素，有利于分清企业内部各单位的经济责任。

其缺点是差异较大时，将差异直接记入管理费用，会影响成本计算的准确性。

知识点7：顺序分配法的工作原理和特点

（1）工作原理

顺序分配法的工作原理和特点

根据各辅助生产车间受益多少的顺序，将辅助生产车间、部门按受益量由少到多的顺序进行排列，排在前面的辅助生产车间发生的费用分配给排在后面的辅助生产车间和其他受益单位。辅助生产部门在分配费用时，只依次分配给排列在其后面的辅助生产车间和其他受益部门，而不再分配给排列在其前面的辅助生产车间。

（2）工作步骤

① 计算分配率，计算公式为

$$某辅助生产车间分配率＝\frac{直接发生费用额＋耗用前序辅助生产费用额}{提供的劳务总量－前序辅助生产耗用量}$$

② 计算某受益部门应负担的费用，计算公式为

某受益对象应负担的劳务费＝该受益对象耗用的劳务数量×辅助生产费用分配率

（3）特点

顺序分配法的优点是计算简单，各种辅助生产费用只分配一次。

其缺点是由于排在前面的辅助生产车间不负担排在后面的辅助生产车间的费用，分配结果的准确性受到影响。

任务 1.8　制造费用的归集与分配

 任务目标

知识目标：

熟悉并掌握制造费用的归集与分配原理。

技能目标：

能运用制造费用的常用分配方法完成分配。

素养目标：

- 树立成本核算工作的细致与系统性观念。
- 培养严密的逻辑思维能力和数据处理能力。

 学习情境

朝阳机械厂对制造费用依据实际产量下的标准工时进行分配。

 任务要求

根据学习情境描述的资料，对 20××年 9 月朝阳机械厂发生的制造费用归集分配，任务要求如下。

（1）根据任务 1.2～任务 1.7 有关资料，确定制造费用金额，并填写表 1-8-1。

（2）根据表 1-8-1 中相关数据，编制并填写相应的记账凭证。

（3）根据记账凭证登记相关明细账。

分配率计算保留六位小数，金额计算保留两位小数。

 获取信息

引导问题 1：制造费用的待分配金额来源于哪里？

小提示　来源于前面要素的分配和辅助生产费用的分配形成的各种分配表和会计分类。

引导问题 2：朝阳机械厂制造费用采用什么标准进行分配？

小提示　分配标准是实际产量下的标准工时。

引导问题 3：制造费用的分配原则是什么？

小提示　①车间只生产一种产品：发生的制造费用直接计入该产品；②某车间生产多种产品：应采用适当方法分配计入各种产品成本。

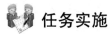 **任务实施**

步骤 1：根据任务 1.2～任务 1.7 有关资料，确定制造费用金额，并填写表 1-8-1。

表 1-8-1

制造费用分配表

20××年 9 月 30 日   金额单位：元

受益对象	分配标准/工时			分配率	分配金额
	产品	生产数量	单位标准工时		
铸造车间	铁铸件				
	铝铸件				
	小计				
机械加工车间	M520				
	M521				
	小计				

审核：肖捷   制单：王伟

步骤 2：根据表 1-8-1 中相关数据，编制并填写图 1-8-1 记账凭证。

记 账 凭 证

年　月　日   第（略）号

摘　　要	总账科目	明细科目	借方金额									贷方金额									
			百	十	万	千	百	十	元	角	分	百	十	万	千	百	十	元	角	分
合　　计																					

附单据　张

财务主管：　　　　　　记账：　　　　　　　　审核：　　　　　　　　制单：

图 1-8-1

步骤 3：根据记账凭证登记相关明细账，见表 1-8-2～表 1-8-5。

表 1-8-2

生产成本明细账

车间名称：　　　　　　　　　产品名称：　　　　　　　　　　　　单位：元

年		凭证字号	摘要	借方	贷方	方向	余额	借方金额分析			
月	日							直接材料	直接人工	制造费用	废品损失
		略									

表　1-8-3

生产成本明细账

车间名称：　　　　　　　　　　　　　产品名称：　　　　　　　　　　　　　单位：元

年		凭证字号	摘要	借方	贷方	方向	余额	借方金额分析			
月	日							直接材料	直接人工	制造费用	废品损失
		略									

表　1-8-4

生产成本明细账

车间名称：　　　　　　　　　　　　　产品名称：　　　　　　　　　　　　　单位：元

年		凭证字号	摘要	借方	贷方	方向	余额	借方金额分析			
月	日							直接材料	直接人工	制造费用	废品损失
		略									

表　1-8-5

生产成本明细账

车间名称：　　　　　　　　　　　　　产品名称：　　　　　　　　　　　　　单位：元

年		凭证字号	摘要	借方	贷方	方向	余额	借方金额分析			
月	日							直接材料	直接人工	制造费用	废品损失
		略									

 任务评价

使用表 1-8-6 进行任务评价。

表　1-8-6

制造费用的归集与分配任务评价表

班级		姓名			学号	
项目 1 任务 1.8		制造费用的归集与分配				
评价项目	评价标准	分值	自评	互评	师评	总评
确定制造费用金额	制造费用金额归集准确	10				
标准工时法	分配率计算准确，费用分配正确	30				
记账凭证	记账凭证编制准确	15				
明细账	明细账登记准确	15				
工作态度	严谨认真、无缺勤、无迟到早退	10				
工作质量	按计划完成工作任务	10				
职业素质	遵纪守法、诚实守信、团队合作	10				
合　　计		100				

 **知识链接**

知识点1：制造费用的含义和账户设置

制造费用是指企业基本生产车间(或辅助生产车间)为提供产品和劳务而发生的各项间接费用。基本生产车间制造费用中除了上个任务所叙述的,辅助生产费用分配转入的应由制造费用承担的辅助生产费用外,大部分制造费用是在基本生产车间或分厂范围内直接发生的。制造费用一般包括以下三个方面。

(1)间接用于生产的制造费用

间接用于生产的制造费用主要有车间发生的机物料消耗、生产工人的劳动保护费、发生的季节性停工或固定资产大修理期间停工所造成的损失等。

(2)直接用于产品生产且管理上不要求或核算上不便于单独核算的制造费用

直接用于产品生产且管理上不要求或核算上不便于单独核算的制造费用,主要有未单独设置"燃料及动力"成本项目的企业所发生的用于产品生产的动力费用;生产用的机器设备折旧费、租赁费、保险费;生产车间的低值易耗品摊销;图纸设计费用和实验检验费用等。

(3)属于车间用于组织和管理生产所发生的制造费用

属于车间用于组织和管理生产所发生的制造费用本应属于管理费用性质,但由于它们是生产车间发生的管理费用,是为生产车间服务的,应当作为制造费用进行核算,主要有车间管理人员薪酬、车间管理用房屋的照明费、水费、差旅费、办公费等。

由于制造费用大多与产品的生产工艺没有直接联系,而且一般间接计入费用,因此不能或不便于按照产品制定定额,而只能按照车间、部门和费用项目,按年、季、月编制制造费用计划加以控制。企业应该通过制造费用的归集和分配,反映和监督制造费用计划的执行情况,并将费用正确、及时地计入各有关产品的成本。

知识点2：制造费用的归集和分配原理

(1)制造费用的归集

制造费用是指企业为生产产品(或提供劳务)而发生的、应该计入产品成本,但没有专设成本项目的各项生产费用。制造费用的项目一般包括人工费、折旧费、修理费、租赁费(不包括融资租赁费)、保险费、机物料消耗、周转材料摊销、运输费、取暖费、水电费、劳动保护费、办公费、差旅费、设计

制造费用的归集和分配原理

制图费、试验检验费、在产品盘亏、毁损和报废(减盘盈)、季节性及修理期间的停工损失等。

制造费用的归集应通过"制造费用"总账科目的借方进行,该科目应按不同的生产部门设置明细账,按具体的制造费用项目设置专栏。发生制造费用时,借记"制造费用——××费用项目",贷记"银行存款""原材料""应付职工薪酬""累计折旧""辅助生产成本"等科目。辅助生产车间发生的制造费用可通过"制造费用——××辅助生产车间"科目的借方进行归集,也可直接在"辅助生产成本"科目的借方进行归集。

(2)制造费用的分配

如果一个车间只生产一种产品,所发生的制造费用直接计入该种产品的成本;如果一个车间生产多种产品,所发生的制造费用,应采用适当的分配方法分配计入各种产品的成本。

在企业的组织机构分为车间、分厂和总厂等若干层次的情况下，分厂发生的制造费用，也应比照车间发生的制造费用进行分配。

制造费用分配的方法很多，通常采用的有生产工人工时比例分配法、生产工人工资比例分配法、机器工时比例分配法、年度计划分配率分配法等。

季节性生产企业在停工期间发生的制造费用，应当在开工期间进行合理分摊，连同开工期间发生的制造费用，一并计入产品的生产成本。

对不能直接归属于成本核算对象的成本，制造企业也可以根据自身经营管理特点和条件，利用现代信息技术，采用作业成本法进行归集和分配。

知识点 3：生产工人工时比例分配法工作原理

（1）工作原理

生产工人工时比例分配法是按照各种产品所用生产工人实际工时的比例分配制造费用。

生产工人工时比例
分配法工作原理

（2）工作步骤

① 计算分配率，计算公式为

$$制造费用分配率=\frac{该车间的制造费用总额}{该车间的生产工时总数}$$

② 计算某种产品应该负担的制造费用，计算公式为

$$某产品应负担的制造费用=该产品生产工时数×制造费用分配率$$

知识点 4：生产工人工资比例分配法工作原理

（1）工作原理

按照生产工人工资比例分配制造费用，与按生产工人工时分配工资费用一样，也能将劳动生产率与产品负担的费用水平联系起来，使分配结果比较合理。

（2）工作步骤

① 计算分配率，计算公式为

$$制造费用分配率=\frac{该车间制造费用总额}{该车间生产工人实际工资总额}$$

② 计算某种产品应负担的制造费用，计算公式为

$$某种产品应分配的制造费用=该产品生产工人工资数×制造费用分配率$$

知识点 5：机器工时比例分配法工作原理

（1）工作原理

机器工时比例分配法是按照各种产品生产时所用机器设备运转时间的比例分配制造费用的一种方法。这种方法适用于产品生产的机械化程度较高的车间。因为在这种车间的制造费用中，与机器设备使用有关的费用比重较大，而这一部分费用与机器设备运转的时间有着密切的联系，所以采用这种方法必须具备各种产品所用机器工时的原始记录。

（2）工作步骤

① 计算分配率，计算公式为

$$制造费用分配率=\frac{该车间制造费用总额}{该车间机器工时总数}$$

② 计算某种产品应负担的制造费用,计算公式为

某产品应负担的制造费用＝该产品机器工时数×制造费用分配率

知识点 6：年度计划分配率分配法工作原理

(1) 工作原理

年度计划分配率分配法是按照年度开始前预先确定的年度计划分配率分配以后各月的制造费用。

(2) 工作步骤

① 计算年度计划分配率,计算公式为

$$制造费用年度计划分配率＝\frac{年度制造费用计划总额}{年度各种产品计划产量的定额工时总数}$$

② 计算某产品某月应负担的制造费用,计算公式为

某产品某月应负担的制造费用＝该产品该月实际工时数×年度计划分配率

③ 计算年末调整制造费用实际发生额与计划分配额的差异额,计算公式为

差异额＝全年制造费用实际发生额－按计划分配率分配的制造费用

$$制造费用差异额分配率＝\frac{差异额}{按年度计划分配率分配的制造费用}$$

某产品应分配的差异额＝该产品按计划分配率分配的制造费用×差异额分配率

采用这种分配方法,无论各月实际发生的制造费用是多少,每月各种产品中的制造费用都按年度计划分配率分配。但在年度内如果发现全年的制造费用实际数和产量实际数与计划数发生较大差额,应及时调整计划分配率。

任务 1.9　委外半成品费用的归集与分配

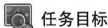 **任务目标**

知识目标：

熟悉并掌握委外半成品费用的归集与分配原理。

技能目标：

能运用正确的方法完成委外半成品费用的归集与分配。

素养目标：

- 树立成本核算工作的细致与系统性观念。
- 培养严密的逻辑思维能力和数据处理能力。

学习情境

朝阳机械厂将自制的半成品进行委外加工,具体流程如图 1-9-1 所示。

朝阳机械厂的财务制度规定：委托加工物资按批次(分批法)进行成本核算;委外商加工过程中产生的报废品因没有价值,均归委外商所有,公司不收回;5%(含)以内(即正常报废率)的报废为正常报废,正常报废品的材料成本计入当期生产的合格产品成本,且公司支付相应加工费;5%以上的报废属于超额报废,超额报废品公司不承担加工费,并由委外商承

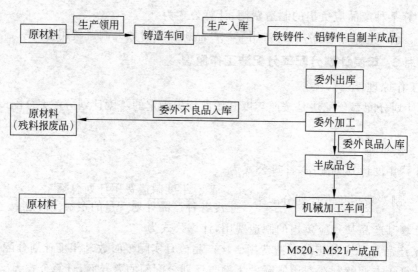

图 1-9-1

担该材料损失；由委外商承担的材料损失直接在当月的加工费中扣除；委外入库半成品的材料成本＝对应批次的材料成本－超额报废材料成本。

本月朝阳机械厂铸造车间生产产品的入库单见表 1-9-1。

表 1-9-1

入库单

交来单位及部门：铸造车间　　　　　　　　20××年9月30日　　　　　　　　编号：9091

编号	名称	规格	计量单位	数量		成本	
				交库	实库	单价	金额
B001	铁铸件		吨	68	68		
B002	铝铸件		吨	4	4		
合计							

负责人：刘梦　　　　　　　　仓库：王原　　　　　　　　会计：王晨

本月半成品出库单见表 1-9-2。已知本月出库半成品全部用于委外加工。

表 1-9-2

出库单

出货单位：　　　　　　　　20××年9月13日　　　　　　　　编号：9092

提货单位或领货部门	北京冶金加工制造有限公司	销售单号	WT1209	发出仓库	半产品仓	出库日期	20××/9/13
编号	名称	规格	计量单位	数量		成本	
				交库	实库	单价	金额
B001	铁铸件		吨	64	64		
B002	铝铸件		吨	10	10		
合计							

负责人：刘梦　　　　　　　　仓库：王原　　　　　　　　会计：王晨

已知铁铸件的委外加工单价(不含税)为 760 元/件,铝铸件的委外加工单价(不含税)为 1 250 元/件。本月收回的委外加工产品的入库数量见表 1-9-3。

表　1-9-3

委外入库产品数量汇总表

批次:20200201　　　　　　　　　　　　20××年 9 月 30 日

产品编码	产品名称	单位	合格数量	报废数量	委外加工数量	报废率
305	铁铸件半成品	套	60	4	64	
306	铝铸件半成品	套	9	1	10	

审核:陈俞璟　　　　　　　　　　　　　　　　　　　　　　制表:王心怡

 任务要求

根据学习情境描述的资料,对 20×× 年 9 月朝阳机械厂发生的制造费用和委外加工费用进行归集与分配,任务要求如下。

(1) 根据任务 1.2～任务 1.8 有关资料,计算并完成表 1-9-4 自制半成品成本计算表。

(2) 根据表 1-9-4 中的计算结果,公司对存货采用加权平均法计价,计算并完成表 1-9-5 自制半成品单位成本计算表。

(3) 根据表 1-9-5 的计算结果,计算并完成表 1-9-6 发出自制半成品金额计算表。

(4) 计算填写表 1-9-7 委外加工费计算表中的数据。

(5) 根据给出数据,计算并填写表 1-9-8 委外入库产品数量汇总表。

(6) 根据给出数据,计算并填写表 1-9-9 超额报废产品(委外)成本计算表。

(7) 根据给出数据,计算并填写表 1-9-10 委外入库产品成本计算表。

(8) 根据本期委外入库的铸件半成品成本表,计算并填写表 1-9-11 委外半成品单位成本计算表。

(9) 根据发生的经济业务,编制并填写相应的记账凭证。

(10) 根据记账凭证登记相关明细账。

分配率计算保留六位小数,金额计算保留两位小数。

 获取信息

引导问题 1:朝阳机械厂自制铁铸件、铝铸件的成本费用从哪里取数?

$\boxed{\text{小提示}}$　从任务 1.2～任务 1.8 的铸造车间铁铸件、铝铸件明细账上取数。

引导问题 2:如何计算委外产品的报废率?

$\boxed{\text{小提示}}$　$报废率 = \dfrac{报废产品数量}{委外加工产品数量} \times 100\%$。

引导问题 3：如何对超额报废的委外产品进行账务处理？

小提示　按照和委外商达成的协议冲减应付账款。

任务实施

步骤 1：根据任务 1.2～任务 1.8 有关资料，计算并完成表 1-9-4 自制半成品成本计算表。

表　1-9-4

自制半成品成本计算表

20××年 9 月 30 日　　　　　　　　　　　金额单位：元

项目		月初在产半成品成本	本月发生费用	生产费用合计	产量			单位成本
					完工良品	在产半成品约当产量	合计	
铁铸件	直接材料							
	直接人工							
	制造费用							
	合计							
铝铸件	直接材料							
	直接人工							
	制造费用							
	合计							

审核：肖捷　　　　　　　　　　　　　　　　　　　　　　　　制表：王伟

步骤 2：根据表 1-9-4 中的计算结果，公司对存货采用加权平均法计价，计算并完成表 1-9-5 自制半成品单位成本计算表。

表　1-9-5

自制半产品单位成本计算表

20××年 9 月 30 日　　　　　　　　　　　金额单位：元

材料名称	单位	期初结存			本期购入			单位成本
		数量	单价	金额	数量	单价	金额	
铁铸件	吨	80	3 678.12					
铝铸件	吨	40	13 214.78					
合计								

审核：肖捷　　　　　　　　　　　　　　　　　　　　　　　　制表：王伟

步骤3：根据表1-9-5的计算结果，计算并完成表1-9-6发出自制半成品金额计算表。

表　1-9-6

发出自制半成品金额计算表

20××年9月30日　　　　　　　　　　　　　　　金额单位：元

产品	单位	发出材料单价	委外加工	
			数量	金额
铁铸件半成品	套			
铝铸件半成品	套			
合计				

审核：肖捷　　　　　　　　　　　　　　　　　　　　制单：肖志伟

步骤4：计算填写表1-9-7委外加工费计算表中的数据。

表　1-9-7

委外加工费计算表

20××年9月30日　　　　　　　　　　　　　　　金额单位：元

产品名称	单位	发出数量	加工单价（不含税）	加工费金额
铁铸件半成品	套			
铝铸件半成品	套			
合计				

审核：肖捷　　　　　　　　　　　　　　　　　　　　制单：肖志伟

步骤5：根据给出数据，计算并填写1-9-8委外入库产品数量汇总表。

表　1-9-8

委外入库产品数量汇总表

批次：20200201　　　　　　　　　20××年9月30日

产品编码	产品名称	单位	合格数量	报废数量	委外加工数量	报废率
305	铁铸件半成品	套	60	4	64	
306	铝铸件半成品	套	9	1	10	

审核：陈俞璟　　　　　　　　　　　　　　　　　　　制表：王心怡

步骤6：根据给出数据，计算并填写1-9-9超额报废产品（委外）成本计算表。

表　1-9-9

超额报废产品（委外）成本计算表

批次：20200201　　　　　　　　　20××年9月30日　　　　　　　　金额单位：元

产品编码	产品名称	单位	超额报废数量	单位材料成本	金额
305	铁铸件半成品	套			
306	铝铸件半成品	套			
合　计					

审核：陈俞璟　　　　　　　　　　　　　　　　　　　制表：王心怡

步骤7：根据给出数据，计算并填写1-9-10委外入库产品成本计算表。

表　1-9-10

委外入库产品成本计算表

批次：20200201　　　　　　　　　　　20××年9月30日　　　　　　　　　　　金额单位：元

产品编码	产品名称	单位	数量	材料金额	加工费	总成本
305	铁铸件半成品	套	60			
306	铝铸件半成品	套	9			
合　计						

审核：陈俞璟　　　　　　　　　　　　　　　　　　　　　　　　　　制表：王心怡

步骤8：根据本期委外入库的铸件半成品成本表，计算并填写表1-9-11委外半成品单位成本计算表。

表　1-9-11

委外半成品单位成本计算表

20××年9月30日　　　　　　　　　　　金额单位：元

材料名称	单位	期初结存			本期购入			单位成本
		数量	单价	金额	数量	单价	金额	
铁铸件半成品	套	8	4 413.51	35 308.08				
铝铸件半成品	套	4	4 619.28	58 477.12				
合　计				93 785.20				

审核：肖捷　　　　　　　　　　　　　　　　　　　　　　　　　　　制表：王伟

步骤9：根据发生的经济业务，编写并填制图1-9-2记账凭证。

记 账 凭 证

年　月　日　　　　　　　　　　　　　　　　　第(略)号

摘　　要	总账科目	明细科目	借方金额									贷方金额									
			百	十	万	千	百	十	元	角	分	百	十	万	千	百	十	元	角	分
合　计																				

财务主管：　　　　　　　记账：　　　　　　　审核：　　　　　　　制单：

图　1-9-2

步骤10：根据记账凭证登记相关明细账，见表 1-9-12 和表 1-9-13。

表 1-9-12

生产成本明细账

车间名称：　　　　　　　　　　产品名称：　　　　　　　　　　单位：元

年		凭证字号	摘要	借方	贷方	方向	余额	借方金额分析			
月	日							直接材料	直接人工	制造费用	废品损失
		略									

表 1-9-13

生产成本明细账

车间名称：　　　　　　　　　　产品名称：　　　　　　　　　　单位：元

年		凭证字号	摘要	借方	贷方	方向	余额	借方金额分析			
月	日							直接材料	直接人工	制造费用	废品损失
		略									

任务评价

使用表 1-9-14 进行任务评价。

表 1-9-14

委外半成品费用的归集与分配任务评价表

班级		姓名			学号	
项目 1 任务 1.9		委外半成品费用的归集与分配				
评价项目	评价标准		分值	自评	互评	师评	总评
自制半成品单位成本	自制半成品单位成本计算准确		10				
委外加工成本费用	委外加工产品成本费用计算准确		10				
委外产品报废率	委外产品报废率计算准确		10				
委外产品单位成本	委外产品单位成本计算准确		10				
记账凭证	记账凭证编制准确		15				
明细账	明细账登记准确		15				
工作态度	严谨认真、无缺勤、无迟到早退		10				
工作质量	按计划完成工作任务		10				
职业素质	遵纪守法、诚实守信、团队合作		10				
合　　计			100				

知识链接

知识点1：委外加工的含义

委外加工是指一家厂商根据另一家厂商的要求，为其生产产品和产品配件，也称为协作生产。当企业自己的生产能力不足或者缺乏某种技术时，就需要把某个工艺甚至整个产品交给外面的厂商进行生产，这就会触发委外加工作业。

知识点2：委外加工的经典会计分录

（1）企业委托外部加工物资

借：委托加工物资

　　贷：库存商品（或原材料）

（2）企业收回加工物资

借：库存商品（或原材料）

　　贷：委托加工物资

（3）企业支付加工费并取得发票

借：委托加工物资

　　应交税费——应交增值税（进项税额）

　　应交税费——应交消费税（用于连续生产应税消费品时）

　　贷：银行存款

任务1.10　废品损失的归集与分配

任务目标

知识目标：

- 掌握废品损失的概念、账户设置和核算形式。
- 掌握不可修复的废品和可修复的废品的归集与分配方法。

技能目标：

能正确计算和结转可修复废品损失和不可修复废品损失。

素养目标：

- 培养勤俭节约、诚实守信的品质。
- 树立成本核算工作的细致与系统性观念。

学习情境

朝阳机械厂的废品损失按照实际成本法单独进行核算。

本月可修复废品和不可修复废品情况见表1-10-1～表1-10-3。朝阳机械厂领用委外半成品（委外铁铸件、委外铝铸件）进行深加工，继续生产M520和M521，相关领用情况见

表 1-10-4～表 1-10-7。同时,对可修复废品的修复领料情况见表 1-10-8,本月生产情况见表 1-10-9 和表 1-10-10。

分配率的计算保留四位小数,金额保留两位小数。

表 1-10-1

废品通知单

车间部门:组装车间　　　　　　　　　　　20××年9月

产品名称	计量单位	定额工时	废品数量	备注
M520	台	78	2	不可修复废品
M521	台	113	5	可修复废品

表 1-10-2

废品损失赔偿通知单

20××年9月　　　　　　　　　　　　　　金额单位:元

责任者姓名	工种	赔偿金额	备注
赵明	翻砂工	150	废工件经查属责任赔偿不可修复废品
李超	翻砂工	150	

表 1-10-3

工资通知单

部门名称:财务科　　　　　　　20××年9月　　　　　　　金额单位:元

部门	产品名称	产品数量	计件工资	合计	备注
组装车间	M521	5	160	800	可修复废品
明细见附表			企管科	20××年9月	

表 1-10-4

领料单

领料部门:机械加工车间　　　　　　　　　　　　　　　　编号:9101

用　途:M520 用　　　　　　　20××年9月7日　　　　　　　仓库:3 号

材料			计量单位	数量		成本	
编号	材料名称	规格		请领	实发	单价	金额
委外半成品	铁铸件半成品		套	20	20		
合计							

领料人:刘梦　　　　　　　　　仓库:王原　　　　　　　　　会计:王晨

表 1-10-5

领料单

领料部门：机械加工车间   编号：9102

用　　途：M521 用   20××年 9 月 7 日   仓库：3 号

材料			计量单位	数量		成本	
编号	材料名称	规格		请领	实发	单价	金额
委外半成品	铝铸件半成品		套	40	40		
合计							

领料人：刘梦   仓库：王原   会计：王晨

表 1-10-6

领料单

领料部门：机械加工车间   编号：9103

用　　途：M520 用   20××年 9 月 9 日   仓库：3 号

材料			计量单位	数量		成本	
编号	材料名称	规格		请领	实发	单价	金额
委外半成品	铁铸件半成品		套	10	10		
合计							

领料人：刘梦   仓库：王原   会计：王晨

表 1-10-7

领料单

领料部门：机械加工车间   编号：9104

用　　途：M521 用   20××年 9 月 9 日   仓库：3 号

材料			计量单位	数量		成本	
编号	材料名称	规格		请领	实发	单价	金额
委外半成品	铝铸件半成品		套	3	3		
合计							

领料人：刘梦   仓库：王原   会计：王晨

表 1-10-8

领料单

领料部门：机械加工车间   编号：9105

用　　途：M521 用   20××年 9 月 9 日   仓库：3 号

材料			计量单位	数量		成本	
编号	材料名称	规格		请领	实发	单价	金额
	轴承		套	5	5	100	500
	电器元件		套	5	5	132	660
合计							

领料人：刘梦   仓库：王原   会计：王晨

表 1-10-9

入库单

交来单位及部门：机械加工车间——M520   20××年 9 月 30 日   编号：9102

编号	名称	规格	计量单位	数量		成本	
				交库	实库	单价	金额
	残料		吨	10	10	60	600
合计							

负责人：刘梦   仓库：王原   会计：王晨

表 1-10-10

入库单

交来单位及部门：机械加工车间   20××年 9 月 30 日   编号：9103

编号	名称	规格	计量单位	数量		成本	
				交库	实库	单价	金额
M001	M520		件	22	22		
M002	M521		件	31	31		
合计							

负责人：刘梦   仓库：王原   会计：王晨

 任务要求

　　根据学习情境描述的资料，对 20××年 9 月朝阳机械厂发生的废品损失费用进行归集与分配，任务要求如下。

　　（1）根据任务 1.2～任务 1.9 的相关资料，计算并填写表 1-10-11 领用半成品成本计算表。

（2）根据任务 1.2～任务 1.9 的相关资料，计算并填写有关 M520 的废品损失计算表，见表 1-10-12。

（3）根据任务 1.2～任务 1.9 的相关资料，计算并填写有关 M521 的废品损失计算表，见表 1-10-13。

（4）根据计算结果编制并填写相应的记账凭证。

（5）根据编制的记账凭证，登记相关明细账。

 获取信息

引导问题 1：思考以下这两种情况的产品是可修复废品还是不可修复废品？情况一，某公司本月生产的机床 C640 中 5 台出现问题，每台生产成本大约 20 000 元，出现问题的 5 台机床花费 1 960 元能够修好，不影响对外销售；情况二，某公司的铁铸件中 3 台因工人疏忽，加工损坏，无法使用，报废。

小提示　可修复废品是指在技术上可以修复，并且支付的修理费用在经济上合算的废品。不可修复废品是指在技术上不能修复，或者虽能修复，但支付的修理费用在经济上不合算的废品。

引导问题 2：废品损失用什么账户核算？是否必须单独设置账户核算？

小提示　废品损失的核算形式有两种：一是单独核算废品损失，必须设置"废品损失"账户；二是不单独核算废品损失，不设单独账户。

任务实施

步骤 1：根据任务 1.2～任务 1.9 的相关资料，计算并填写表 1-10-11 领用半成品成本计算表。

表　1-10-11

领用半成品成本计算表

20××年9月   金额单位：元

编号	品名	单位	单位成本	M520		M521		合计	
				数量	金额	数量	金额	数量	金额
301	铁铸件半成品	件							
302	铝铸件半成品	件							
	合计								

步骤 2：根据任务 1.2～任务 1.9 的相关资料，计算并填写有关 M520 的废品损失计算表，见表 1-10-12。

表 1-10-12

废品损失计算表

产品名称：M520 20××年9月 单位：元

项目	数量/件	直接材料	生产工时	直接人工	制造费用	合计
生产费用总额						
分配率						
废品成本						
减：残值赔款						
减：残料						
废品损失						

步骤3：根据任务 1.2～任务 1.9 的相关资料，计算并填写有关 M521 的废品损失计算表，见表 1-10-13。

表 1-10-13

废品损失计算表

产品名称：M521 20××年9月 单位：元

项目	数量	单价	材料费	人工费	制造费用	合计
工资						
轴承						
电器元件						
合计						

步骤4：根据计算结果编制并填写图 1-10-1 和图 1-10-2 记账凭证。

记 账 凭 证

年 月 日 第（略）号

摘 要	总账科目	明细科目	借方金额									贷方金额									
			百	十	万	千	百	十	元	角	分	百	十	万	千	百	十	元	角	分
合 计																					

附单据 张

财务主管： 记账： 审核： 制单：

图 1-10-1

记 账 凭 证

年 月 日　　　　　　　　　　　　　　第（略）号

摘　要	总账科目	明细科目	借方金额									贷方金额								
			百	十	万	千	百	十	元	角	分	百	十	万	千	百	十	元	角	分
合　计																				

附单据　　张

财务主管：　　　　　　记账：　　　　　　审核：　　　　　　制单：

图　1-10-2

步骤 5：根据编制的记账凭证，登记表 1-10-14～表 1-10-17 明细账。

表　1-10-14

生产成本明细账

车间名称：　　　　　　　　　　产品名称：　　　　　　　　　　单位：元

年		凭证字号	摘要	借方	贷方	方向	余额	借方金额分析			
月	日							直接材料	直接人工	制造费用	废品损失

表　1-10-15

废品损失明细账

车间名称：　　　　　　　　　　产品名称：　　　　　　　　　　单位：元

年		凭证字号	摘要	借方	贷方	方向	余额	借方金额分析		
月	日							直接材料	直接人工	制造费用

表　1-10-16

生产成本明细账

车间名称：　　　　　　　　　　产品名称：　　　　　　　　　　单位：元

年		凭证字号	摘要	借方	贷方	方向	余额	借方金额分析			
月	日							直接材料	直接人工	制造费用	废品损失

表 1-10-17

废品损失明细账

车间名称： 产品名称： 单位：元

年		凭证字号	摘要	借方	贷方	方向	余额	借方金额分析		
月	日							直接材料	直接人工	制造费用

 **任务评价**

使用表 1-10-18 进行任务评价。

表 1-10-18

废品损失的归集与分配任务评价表

班级		姓名			学号	
项目1 任务1.10			废品损失的归集与分配			
评价项目	评价标准		分值	自评	互评	师评	总评
可修复的废品损失	相关费用归集准确,数据计算正确		20				
不可修复的废品损失	相关费用归集准确,数据计算正确		20				
记账凭证	记账凭证编制准确		15				
明细账	明细账登记准确		15				
工作态度	严谨认真、无缺勤、无迟到早退		10				
工作质量	按计划完成工作任务		10				
职业素质	遵纪守法、诚实守信、团队合作		10				
合　　计			100				

知识链接

知识点 1：废品损失的含义和账户设置

（1）废品损失的含义

废品是指因质量不符合规定的标准或技术条件、不能按原定用途使用，或需加工修复后才能使用的产成品、半成品、零部件等。废品按修复技术上的可能性和经济上的合理性，分为可修复废品和不可修复废品。可修复废品是指在技术上可以修复，并且支付的修理费用在经济上合算的废品。不可修复废品是指在技术上不能修复，或者虽能修复，但支付的修复费用在经济上不合算的废品。

废品损失的含义
和账户设置

废品损失包括可修复废品的修复费用和不可修复废品的净损失，其中：

不可修复废品的净损失＝不可修复废品的生产成本－不可修复废品的残值－
应收过失人的赔款

应予以注意的是，若产品出库时是合格品，但由于保管不善、运输不当等原因使产品损坏变质而发生的损失,不包括在"废品损失"中,应列作"管理费用";质量虽不符合规定标准,但经检验不需要返修而可以降价出售的产品,其降价损失作为销售损益体现,不列入"废品损失";企业因实行"三包"而发生的三包损失,应列为"销售费用",不应列入"废品损失"。

（2）废品损失的账户设置

为了全面反映企业一定时期内发生废品损失的情况,加强废品损失的控制,可设置"废品损失"账户进行废品损失的归集与分配。

"废品损失"账户借方归集可修复废品的修复费用和不可修复废品的实际生产成本;贷方登记废品残料回收的价值、应收过失人赔偿款以及计入当期产品成本的净损失。该账户月末一般无余额。

知识点 2：废品损失的核算形式

按照成本核算制度的规定,对于正常废品范围内的废品损失,应当按照适当的方法归集后分配记入"制造费用"科目,对于超过正常废品范围内的废品损失,应当记入"管理费用"科目。

（1）不单独核算废品损失

对于生产过程中不易产生废品,或者虽然偶尔会产生废品,但废品的数量金额很小的企业,为了简化核算,管理上通常不要求单独核算废品损失。

对于不单独核算废品损失的企业,可修复废品的修复费用直接根据费用内容记入生产成本的对应项目即可;对于不可修复废品则直接扣减产量,不需要结转废品成本。废品的残值和过失人赔偿,则应当根据企业的相关规定冲减相应的生产成本明细账中的相关成本项目费用。

（2）单独核算废品损失

对于在生产过程中容易发生废品的企业,为了加强对废品损失的分析与管理,建议单独设置"废品损失"账户进行归集。

在实务操作中,"废品损失"账户既可以作为一级账户设置,也可以作为"基本生产成本"账户的下一级账户设置,同时按照成本项目设置专栏。同时,在基本生产成本明细账中也应当增设"废品损失"专栏,以便单独核算废品损失的费用发生情况。

知识点 3：不可修复废品损失的计算和结转方法

为了归集和分配不可修复的废品损失,必须首先计算废品的成本。废品成本是指生产过程中截至报废时所耗费的一切费用,扣除废品的残值和应收赔款,算出废品净损失,计入该种产品的成本。由于不可修复废品的成本与合格品的成本是同时发生并归集在一起的,需要采取一定的方法予以确定,一般有实际成本法和定额成本法两种方法。

不可修复废品损失的
计算和结转方法

（1）实际成本法

① 完工入库时发生废品。当不可修复废品发生在完工入库时,单位合格品与单位废品应负担相同的费用,因此可以按合格品与废品的产量作为分配标准进行分配,其计算公式为

$$某项生产费用分配率 = \frac{该项生产费用}{合格品产量 + 废品产量}$$

$$废品应负担生产费用额 = 废品产量 \times 生产费用分配率$$

② 生产过程中发生废品。如果废品发生在生产过程中,应根据投料程度和加工程度进行分配。假如原材料是一次性投入,则原材料等直接材料仍可按产量作为分配标准,直接人

工和制造费用则可以按生产工时作为分配标准,其计算公式为

$$直接材料费用分配率=\frac{直接材料费用总额}{合格产量+废品产量}$$

$$废品应负担材料费用额=废品产量×直接材料费用分配率$$

$$直接人工(制造费用)分配率=\frac{直接人工(制造费用)总额}{合格品成产工时+废品生产工时}$$

$$废品应负担直接人工(制造费用)=废品生产工时×直接人工(制造成本)成本分配率$$

（2）定额成本法

在消耗定额和费用定额比较健全的企业,也可以按废品所耗定额费用计算不可修复废品的生产成本,即按废品的实际数量和各项消耗定额、费用定额计算不可修复废品的生产成本,实际成本与定额成本的差异额全部由合格品负担。

采用定额成本法计算废品成本方法简便,计算及时,有利于控制废品损失,故应用较为广泛。

知识点4：可修复废品损失的计算和结转方法

可修复废品的损失是指废品在修复过程中发生的所有修复费用,包括修复过程中耗用的材料、发生的人工费用和制造费用。

可修复废品损失的
计算和结转方法

修复费用的归集根据直接材料、直接人工和制造费用分配表的分配结果,记入"废品损失"账户的借方。修复费用中要由责任人赔偿的部分,应冲抵废品损失,从贷方转入"其他应收款"账户的借方。账户的借方余额,为可修复废品的净损失,与本月不可修复废品的净损失合计后,转入"基本生产成本"账户的废品损失项目。

知识点5：停工损失的计算和结转方法

停工损失是指企业的生产车间在停工期间发生的各种费用支出。企业的停工可以分为正常停工和非正常停工。正常停工包括季节性停工、正常生产周期内的修理期间的停工、计划内减产停工等;非正常停工包括原材料或工具等短缺停工、设备故障停工、电力中断停工、自然灾害停工等。正常停工损失应计入生产成本,而非正常停工损失应计入当期费用。

为了核算停工损失,应当设置"停工损失"总分类账户,或者在"基本生产成本"总分类账户下设置"停工损失"明细账,并且应当在"基本生产成本"明细账中增设"停工损失"成本项目。"停工损失"账户借方登记生产单位发生的各项停工损失;贷方登记应索赔的停工损失和分配结转的停工损失。分配结转停工损失后,该账户应无余额。

任务 1.11　完工产品与在产品的计算与结转

 任务目标

知识目标：

掌握完工程度两种不同情况下约当产量的计算方法。

技能目标：

- 能按照完工程度计算约当产量。
- 能熟练分配完工产品和在产品生产费用。

素养目标：

- 树立成本核算工作的细致与系统性观念。
- 培养严密的逻辑思维能力和数据处理能力。

 学习情境

朝阳机械厂采用约当产量法将生产费用在月末完工产品和在产品之间分配。M520 和 M521 的原材料均在第一道工序开始时一次投入，直接人工费用和制造费用的完工程度分工序按定额生产工时计算，月末在产品在本工序的完工程度均为 50％。

完工程度以百分数表示，且保留百分号前两位小数。在产品约当产量保留整数。

约当产量见表 1-11-1～表 1-11-4。

表　1-11-1

期末在产品约当产量计算表——直接材料

产品名称：M520　　　　　　　20××年 9 月 30 日　　　　　　　计量单位：件

工序	工序名称	期末在产品数量	在产品约当产量
1	切割	2	
2	挤压	3	
3	打磨	3	
4	组装	5	
合计		13	

审核：陈俞璟　　　　　　　　　　　　　　　　　　　　　　　制单：林建洲

表　1-11-2

期末在产品约当产量计算表——直接材料

产品名称：M521　　　　　　　20××年 9 月 30 日　　　　　　　计量单位：件

工序	工序名称	期末在产品数量	在产品约当产量
1	切割	0	
2	挤压	0	
3	打磨	2	
4	组装	3	
合计		5	

审核：陈俞璟　　　　　　　　　　　　　　　　　　　　　　　制单：林建洲

表　1-11-3

期末在产品约当产量计算表——直接人工及制造费用

产品名称：M520　　　　　　　20××年 9 月 30 日　　　　　　　计量单位：件

工序	工序名称	定额工时/时	完工程度	期末在产品数量	在产品约当产量
1	切割	3	15％	2	
2	挤压	2	40％	3	
3	打磨	3	65％	3	
4	组装	2	90％	5	
合计		10	—	13	

审核：陈俞璟　　　　　　　　　　　　　　　　　　　　　　　制单：林建洲

表 1-11-4

期末在产品约当产量计算表——直接人工及制造费用

产品名称：M521　　　　　　　　　　20××年9月30日　　　　　　　　　　计量单位：件

工序	工序名称	定额工时/时	完工程度	期末在产品数量	在产品约当产量
1	切割	1	4.17%	0	
2	挤压	2	16.67%	0	
3	打磨	4	41.67%	2	
4	组装	5	79.17%	3	
合计		12	—	3	

审核：陈俞璟　　　　　　　　　　　　　　　　　　　　　　　　　制单：林建洲

 ## 任务要求

根据学习情境描述的资料，对20××年9月朝阳机械厂发生的产品成本费用进行归集与分配，任务要求如下。

(1) 结合学习情境的描述，计算并完成填写表1-11-5～表1-11-8的约当产量表。

(2) 根据任务1.2～任务1.10的相关资料，计算并填写表1-11-9产品成本计算表。

(3) 根据计算表的相关内容编制并填写记账凭证。

(4) 根据编制的记账凭证，登记相关明细账。

 ## 获取信息

引导问题1：如何计算产成品M521和M520的本月投入成本？

小提示　产成品M521和M520的本月投入成本应从M520和M521产品成本明细账上取数。

引导问题2：约当产量法的工作原理是什么？

小提示　将月末实际盘存的在产品数量按其完工程度或投料程度折算成相当于完工产品的数量（即约当产量），然后根据完工产品数量和在产品的约当产量，计算并分配完工产品成本和在产品成本。

引导问题3：如何计算在产品的约当产量？

小提示　在产品约当产量＝在产品数量×在产品投料率（加工程度）。

引导问题4：如何确定约当产量法下成本费用的分配率？

小提示　$$分配率 = \frac{月初在产品成本 + 本月发生的费用}{本月完工产品数量 + 月末在产品约当产量}。$$

引导问题5：原材料在开始时一次投入，如何确定原材料的完工程度？

小提示　投料率直接按100%确定即可。

任务实施

步骤 1：结合学习情境的描述，计算并完成填写表 1-11-5～表 1-11-8 的约当产量表。

表 1-11-5

期末在产品约当产量计算表——直接材料

产品名称：M520　　　　　　　20××年 9 月 30 日　　　　　　　计量单位：件

工序	工序名称	期末在产品数量	在产品约当产量
1	切割	2	
2	挤压	3	
3	打磨	3	
4	组装	5	
合计		13	

审核：陈俞璟　　　　　　　　　　　　　　　　　　　　　　制单：林建洲

表 1-11-6

期末在产品约当产量计算表——直接材料

产品名称：M521　　　　　　　20××年 9 月 30 日　　　　　　　计量单位：件

工序	工序名称	期末在产品数量	在产品约当产量
1	切割	0	
2	挤压	0	
3	打磨	2	
4	组装	3	
合计		5	

审核：陈俞璟　　　　　　　　　　　　　　　　　　　　　　制单：林建洲

表 1-11-7

期末在产品约当产量计算表——直接人工及制造费用

产品名称：M520　　　　　　　20××年 9 月 30 日　　　　　　　计量单位：件

工序	工序名称	定额工时/时	完工程度	期末在产品数量	在产品约当产量
1	切割	3	15%	2	
2	挤压	2	40%	3	
3	打磨	3	65%	3	
4	组装	2	90%	5	
合计		10	—	13	

审核：陈俞璟　　　　　　　　　　　　　　　　　　　　　　制单：林建洲

表 1-11-8

期末在产品约当产量计算表——直接人工及制造费用

产品名称：M521　　　　　　　20××年 9 月 30 日　　　　　　　计量单位：件

工序	工序名称	定额工时/时	完工程度	期末在产品数量	在产品约当产量
1	切割	1	4.17%	0	
2	挤压	2	16.67%	0	
3	打磨	4	41.67%	2	
4	组装	5	79.17%	3	
合计		12	—	3	

审核：陈俞璟　　　　　　　　　　　　　　　　　　　　　　制单：林建洲

步骤 2：根据任务 1.2～任务 1.10 的相关资料，计算并填写表 1-11-9 产品成本计算表。

表 1-11-9

产品成本计算表

成本项目	M520					M521				
	直接材料	直接人工	制造费用	废品损失	合计	直接材料	直接人工	制造费用	废品损失	合计
期初在产品成本										
本月投入成本										
本月总成本										
合格数量										
期末约当产量										
约当总产量										
单位成本										
产成品成本										
期末在产品成本										

步骤 3：根据计算表的相关内容编制并填写图 1-11-1 记账凭证。

记 账 凭 证

年　月　日　　　　　　　　　　　　　第（略）号

摘　　要	总账科目	明细科目	借方金额									贷方金额									
			百	十	万	千	百	十	元	角	分	百	十	万	千	百	十	元	角	分
合　　计																				

附单据　张

财务主管：　　　　　　记账：　　　　　　审核：　　　　　　制单：

图　1-11-1

步骤 4：根据编制的记账凭证，登记表 1-11-10 和表 1-11-11 明细账。

表　1-11-10

生产成本明细账

车间名称：　　　　　　　　　　产品名称：　　　　　　　　　单位：元

年		凭证字号	摘要	借方	贷方	方向	余额	借方金额分析			
月	日							直接材料	直接人工	制造费用	废品损失

表　1-11-11

生产成本明细账

车间名称：　　　　　　　　　　产品名称：　　　　　　　　　单位：元

年		凭证字号	摘要	借方	贷方	方向	余额	借方金额分析			
月	日							直接材料	直接人工	制造费用	废品损失

任务评价

使用表 1-11-12 进行任务评价。

表 1-11-12

完工产品与在产品的计算与结转任务评价表

班级		姓名			学号		
项目 1 任务 1.11		完工产品与在产品的计算与结转					
评价项目	评价标准		分值	自评	互评	师评	总评
各成本项目约当产量	相关费用归集准确,数据计算正确		20				
完工产品的计算结转	相关费用归集准确,数据计算正确		20				
记账凭证	记账凭证编制准确		15				
明细账	明细账登记准确		15				
工作态度	严谨认真、无缺勤、无迟到早退		10				
工作质量	按计划完成工作任务		10				
职业素质	遵纪守法、诚实守信、团队合作		10				
合　　计			100				

知识链接

知识点 1：完工产品和在产品分配原理和平衡公式

按照《企业产品成本核算制度》规定,制造企业应当根据产品的生产特点和管理要求,按成本计算期结转成本,除季节性生产企业等以外,应当以月作为成本计算期。通过前述对费用的归集与分配,应计入产品成本的直接材料、直接人工及制造费用等都已按成本项目全部集中反映在"基本生产成本"账户及其明细账的借方。如果产品已经全部完工,产品成本明细账中归集的生产费用之和,就是该种完工产品的成本;如果产品全部未完工,产品成本明细账归集的生产费用之和,就是该种在产品的成本;如果既有完工产品又有在产品,产品成本明细账中归集的生产费用之和,还应在完工产品与月末在产品之间,采用适当的分配方法进行生产费用的分配,以计算完工产品和月末在产品的成本。

生产费用合计数与本月完工产品及月末在产品成本之间的关系,可以用公式表示为

月初在产品成本＋本月发生生产费用＝本月完工产品成本＋月末在产品成本

根据上述公式,则有

本月完工产品成本＝月初在产品成本＋本月发生生产费用－月末在产品成本

制造企业可以选择原材料消耗量法、约当产量法、定额比例法、原材料扣除法、完工百分比法等方法确定完工产品和在产品的实际成本,并将完工入库产品的产品成本结转至库存产品科目;在产品数量、金额不重要或在产品期初期末数量变动不大的,可以不计算在产品成本。

知识点 2：不计算在产品成本法工作原理

不计算在产品成本法的基本特点是当月发生的生产费用全部由当月完工产品负担。对于在产品数量少,且各月变动不大的企业,在产品成本的计算与否,对完工产品成本影响不大,为了简化核算,可以不计算在产品成本。这种方法计算出的本月完工产品的总成本等于该产品生产成本明细账中归集的全部生产费用,用计算公式表示为

本月完工产品成本＝本月发生生产费用

知识点 3：在产品按年初固定数法工作原理

在产品按年初固定数法的基本特点是年内各月（1—11 月）的在产品成本都按年初在产品成本计算，即 1—11 月发生的生产费用全部由当月完工产品负担；期末有在产品成本，其金额按年初数确定；年末（12 月份）根据盘点数重新确定年末在产品成本，作为次年在产品计价的依据，即

1—11 月各月完工产品成本＝月初在产品成本（年初固定数额）＋本月发生生产费用－
月末在产品成本（年初固定数额）
＝本月发生生产费用
12 月份完工产品成本＝月初在产品成本（年初固定数额）＋本月发生生产费用－
月末在产品成本（年末盘点数）

这种方法适用于在产品数量较少，或虽然数量较多，但各月数量比较均衡，月初月末在产品成本差异较小，对各月完工产品成本影响不大的企业。

知识点 4：原材料扣除法工作原理

原材料扣除法是一种月末在产品成本只计算其所耗用的材料费用，不计算人工费用和制造费用的成本方法。也就是说，产品的加工费用全部由完工产品负担。采用这种方法时，本月完工产品成本等于月初在产品材料成本加上本月发生的全部生产费用，再减去月末在产品材料成本，用计算公式表示为

本月完工产品成本＝月初在产品材料成本＋本月发生生产费用－月末在产品材料成本

这种方法适合月末在产品数量较多、各月在产品数量变化较大且材料费用在成本中所占比重较大的企业采用。

知识点 5：约当产量法的定义和计算公式

约当产量法是指将月末实际盘存的在产品数量，按其完工程度或投料程度折算成相当于完工产品的数量，然后将本期的生产费用按照月末完工产品数量和在产品约当产量比例进行分配，从而计算出完工产品成本和月末在产品成本的方法，有关计算公式为

在产品约当产量＝在产品数量×在产品加工程度（投料率）
约当总产量＝本月完工产品数量＋月末在产品约当产量

$$某项费用分配率＝\frac{月初在产品成本＋本月发生的生产费用}{约当总产量}$$

月末在产品应分配的费用＝月末在产品约当产量×该项费用分配率
本月完工产品应分配的某项费用＝完工产品产量×费用分配率
＝月初在产品费用＋本月发生费用－月末在产品费用

由于在产品在生产加工过程中加工程度和投料情况不同，必须区别成本项目所在产品的约当产量。要正确计算在产品的约当产量，首先必须确定投料程度和完工程度。

知识点 6：原材料在生产开始时一次投入时投料程度的计算

当直接材料于生产开始时一次投入，即投料百分比为 100％ 时，不论在产品完工度如何，其单位在产品耗用的原材料与单位完工产品耗用的原材料是相等的。因此，分配直接材料费用的在产品的约当产量即为在产品

原材料在生产开始时一次投入时投料程度的计算

的实际数量。

知识点7：原材料陆续投入且投入量与加工进度一致时投料程度的计算

当直接材料随生产过程陆续投入且投入量与加工进度一致时，在产品投料程度的计算与完工程度的计算相同。此时，分配直接材料费用的在产品约当产量按完工程度折算。

原材料陆续投入且投入量与加工进度
一致时投料程度的计算

原材料陆续投入且投料程度与加工
进度不一致时投料程度的计算

知识点8：原材料陆续投入且投料程度与加工进度不一致时投料程度的计算

当直接材料随生产过程陆续投入且投料程度与加工进度不一致时，投料程度应按每道工序的原材料投料定额计算，其计算公式为

$$某工序在产品投料程度=\frac{前面各道工序投料定额之和+本工序投料定额×50\%}{完工产品投料定额}×100\%$$

知识点9：原材料在每道工序开始一次投入时投料程度的计算

当直接材料在每道工序开始时一次投入，原材料的投料程度应按每道工序的原材料投料定额计算，其计算公式为

$$某工序在产品投料程度=\frac{截止到本工序各道工序投料定额之和}{完工产品投料定额}×100\%$$

原材料在每道工序
开始时一次投入时
投料程度的计算

知识点10：按平均完工程度确定完工程度的计算

当企业生产进度比较均衡，各道工序的在产品数量和加工量相差不大时，后面各工序在产品多加工的程度可以弥补前面各工序少加工的程度。这样，全部在产品完工程度均可按50%平均计算。

知识点11：按各工序的累积工时定额占完工产品工时定额的比率确定完工程度的计算

如果各工序的在产品数量和加工量差别较大，后面各工序在产品多加工的程度不足以弥补前面各工序少加工的程度，则要分工序分别计算在产品的完工程度，计算公式为

$$某工序在产品完工程度$$
$$=\frac{前面各道工序工时定额之和+本工序工时定额×50\%}{完工产品工时定额}×100\%$$

按各工序的累积工
时定额占完工产品
工时定额的比率确
定完工程度的计算

知识点12：定额成本法的含义和计算公式

定额成本法是指月末在产品按定额成本计算该产品的全部生产费用（月初在产品费用加上本月发生的费用）减去按定额成本计算的月末在产品成本后的余额作为完工产品的成本。这种方法适用于各项消耗定额或费用定额比较准确、稳定，而且各月末在产品数量变化不大的产品。在产品定额成本计算公式为

在产品定额材料成本＝在产品数量×在产品材料消耗定额×材料单价

在产品定额人工成本＝在产品数量×在产品工时消耗定额×小时人工费用率

在产品定额制造费用＝在产品数量×在产品工时消耗定额×小时费用率

知识点 13：定额比例法的工作原理

定额比例法是指产品的生产费用在完工产品与月末在产品之间按照两者的定额消耗量或定额费用比例分配。其中，原材料费用按原材料的定额消耗量或定额费用比例分配。这种方法适用于各项消耗定额比较准确、稳定，但各月月末在产品数量变动较大的产品。

采用定额比例法时，如果原材料费用按定额原材料费用比例分配，各项加工费均按照定额工时比例分配，则分配计算的公式为

$$费用分配率＝\frac{月初在产品费用＋本月生产费用}{完工产品定额原材料费用或定额工时＋月末在产品定额原材料费用或定额工时} \quad ①$$

$$费用分配率＝\frac{月初在产品费用＋本月生产费用}{月初在产品定额原材料费用或定额工时＋本月定额原材料费用或定额工时} \quad ②$$

上述以定额原材料费用为分母计算出的费用分配率，是原材料费用分配率；以定额工时为分母计算出的费用分配率，是人工费等各项加工费用的分配率。公式①与公式②的分母不同，但可以通用。因为月初在产品定额费用（或定额工时）与本月定额费用（或定额工时）之和，等于本月完工产品定额费用（或定额工时）与月末在产品定额费用（或定额工时）之和，可得计算公式为

完工产品原材料费用＝完工产品定额原材料费用×原材料费用分配率

月末在产品原材料费用＝月末在产品定额原材料费用×原材料费用分配率

完工产品某项加工费用＝完工产品定额工时×该项费用分配率

月末在产品某项加工费用＝月末在产品定额工时×该项费用分配率

项目2

品种法及其应用

在实际生产活动中,有些企业只生产一种产品,生产周期较短,呈现大量大批单步骤生产的特点,如发电、采掘等;还有些企业虽生产多种产品,但生产步骤单一,或管理上不要求分步骤计算成本,如小型造纸厂、水泥厂、制砖厂等。这些企业经常采用品种法计算产品成本。企业在运用品种法时,需先建账和分配要素费用,然后分配辅助生产成本、制造费用,最后分配完工产品和在产品成本。因此,本项目分为以下三个任务进行学习。

品种法及其应用的任务设计

任务	学习任务	能力目标	学时
2.1	建账和分配要素费用	能够根据品种法的特点与核算程序,完成材料费、人工费、折旧费和其他要素费用的归集与分配	2
2.2	分配辅助生产成本、制造费用	能够根据品种法的特点与核算程序,完成辅助生产费用的分配、制造费用的分配	2
2.3	分配完工产品和在产品成本	能够根据品种法核算程序完成完工产品和在产品成本的分配	2

任务 2.1　建账和分配要素费用

 任务目标

知识目标:

掌握品种法下期初建账与各项要素费用的分配。

技能目标:

能根据品种法的特点与核算程序,熟练、准确地完成材料费、人工费、折旧费和其他要素费用的归集与分配。

素养目标：

- 树立成本核算工作的细致与系统性观念。
- 培养自觉遵守会计法规和企业规章制度的意识，具备诚实守信的职业道德、良好的团队协作精神。

 学习情境

龙海公司大量生产甲、乙两种产品，设有一个基本生产车间和电镀、锅炉两个辅助生产车间。20××年9月有关成本核算资料如表2-1-1～表2-1-7所示。

表 2-1-1

月初在产品成本

20××年9月　　　　　　　　　　　　　　　　　　　单位：元

产品名称	直接材料	直接人工	制造费用	合计
甲产品	30 000	21 000	12 000	63 000
乙产品	18 000	12 000	6 000	36 000
合计	48 000	33 000	18 000	99 000

表 2-1-2

发出材料汇总表

单位：元

耗用部门	直接耗用	共同耗用	合计
产品生产耗用	420 000	84 000	504 000
其中：甲产品	300 000		300 000
乙产品	120 000		120 000
生产车间一般耗用	7 500		7 500
电镀车间耗用	90 000		90 000
锅炉车间耗用	19 500		19 500
企业管理部门耗用	9 000		9 000
合　　计	546 000	84 000	630 000

表 2-1-3

人工费用结算汇总表

20××年9月　　　　　　　　　　　　　　　　　　　单位：元

人 员 类 别	费 用 金 额
产品生产工人	478 800
电镀车间人员	20 520
锅炉车间人员	23 940
生产车间技术人员	13 680
企业管理部门人员	51 300
合计	588 240

表 2-1-4

固定资产折旧提取计算表

20××年9月

单位:元

部	门		月初应计提折旧固定资产原值	折 旧	
				折旧率	折旧额
基本生产车间		房屋及建筑物	900 000	0.2%	
		机器设备	8 460 000	0.4%	
		小计	9 360 000		
辅助生产车间	电镀车间	房屋及建筑物	750 000	0.2%	
		机器设备	1 410 000	0.4%	
		小计	2 160 000		
	锅炉车间	房屋及建筑物	1 050 000	0.2%	
		机器设备	810 000	0.4%	
		小计	1 860 000		
管理部门		房屋及建筑物	2 100 000	0.2%	
		机器设备	1 440 000	0.4%	
		小计	3 540 000		
合计			16 920 000		

表 2-1-5

劳保费用分配表

20××年9月

单位:元

费用项目	基本生产车间	辅助生产车间		管理部门	合计
		电镀车间	锅炉车间		
劳保费用	3 000	1 500	1 500	1 200	7 200

表 2-1-6

办公用品费用分配表

20××年9月

单位:元

费用项目	基本生产车间	辅助生产车间		管理部门	合计
		电镀车间	锅炉车间		
办公用品	1 500	1 800	1 200	3 000	7 500

表 2-1-7

水费分配表

20××年9月

单位:元

费用项目	基本生产车间	辅助生产车间		管理部门	合计
		电镀车间	锅炉车间		
水费	3 300	54 000	36 660	3 000	96 960

本月甲产品的实际生产工时为 70 500 小时,乙产品的实际生产工时为 49 500 小时,其

中办公费的对应科目为"银行存款"，劳保费和水费的对应科目为"应付账款"。

 任务要求

根据学习情境描述的资料采用品种法计算产品成本，任务要求如下。

（1）设置甲、乙两种产品的产品成本明细账，基本生产车间的制造费用明细账，以及电镀、锅炉车间的辅助生产成本明细账。

（2）编制材料费用分配汇总表，填制记账凭证，并登记有关账簿。

（3）编制人工费用分配汇总表，填制记账凭证，并登记有关账簿。

（4）填制折旧费计算表，填制记账凭证，并登记有关账簿。

（5）填制分配劳保费、办公费、水费的记账凭证，并登记有关账簿。

 获取信息

品种法工作流程如图 2-1-1 所示。

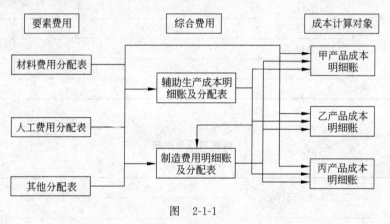

图　2-1-1

引导问题 1：具有什么工艺特点的企业适合采用品种法？

小提示　品种法一般适用于大量、大批、单步骤生产的企业以及管理上不要求分步骤计算成本的大量、大批、多步骤生产的企业。

引导问题 2：请结合图 2-1-1 品种法核算流程图，总结归纳品种法的核算程序。

小提示　品种法在月初时，需按产品品种设立生产成本明细账，并按成本项目设置专栏；编制各要素费用分配表，登记各生产成本明细账；月末，汇总生产成本，分配计算出完工产品成本和在产品成本。

引导问题 3：结合学习情境描述，说明品种法在期初建账时，需要设置哪几个明细账？

小提示　在期初建账时，需设置两个产品成本明细账，两个辅助生产车间明细账，一个制造费用明细账。

引导问题 4：材料费进行分配时，共同耗用部分应如何分配？

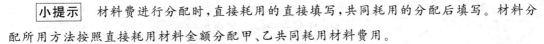 材料费进行分配时,直接耗用的直接填写,共同耗用的分配后填写。材料分配所用方法按照直接耗用材料金额分配甲、乙共同耗用材料费用。

引导问题5:人工费分配需要注意的问题是什么?

小提示 根据任务书要求,按照生产工时分配人工费,编制人工费用分配表,填写记账凭证并登记相关账簿。

引导问题6:折旧费分配需要注意的问题是什么?

小提示 在计算折旧费时,折旧费等于月初应计提折旧固定资产原值乘以折旧率,但应注意折旧率是月折旧率还是年折旧率。

引导问题7:辅助生产车间的劳保费、办公用品费、水电费,在登记明细账时,应注意什么?

小提示 根据任务书要求,辅助生产车间劳保费和办公用品费登记明细账时数据记入"制造费用"成本项目;辅助生产车间水电费记入"直接材料"成本项目。制造费用明细账分费用项目登记。

任务实施

步骤1:设置甲、乙两种产品的产品成本明细账,基本生产车间的制造费用明细账,以及电镀、锅炉车间的辅助生产成本明细账。

根据品种法关于成本计算对象的设定,龙海公司生产两种产品,需要设置两个产品成本明细账:甲产品成本明细账和乙产品成本明细账;辅助生产车间按照车间设置明细账,即电镀车间和锅炉车间;设置制造费用明细账1个。请完成期初建账工作,并在表2-1-8～表2-1-12中填写相关数据。

表 2-1-8

生产成本——基本生产成本

产品名称: 单位:元

年		摘要	直接材料	直接人工	制造费用	发生额合计		余额
月	日					借方	贷方	

表 2-1-9

生产成本——基本生产成本

产品名称：
单位：元

年		摘要	直接材料	直接人工	制造费用	发生额合计		余额
月	日					借方	贷方	

表 2-1-10

生产成本——辅助生产成本

车间名称：
单位：元

年		摘要	直接材料	直接人工	制造费用	发生额合计		余额
月	日					借方	贷方	

表 2-1-11

生产成本——辅助生产成本

车间名称：
单位：元

年		摘要	直接材料	直接人工	制造费用	发生额合计		余额
月	日					借方	贷方	

表 2-1-12

制造费用明细账

车间名称：　　　　　　　　　　　　　　　　　　　　　　　　　　　　　　　　　单位：元

年		摘要	材料费	人工费	折旧费	水电费	修理费	办公费	辅助生产	其他	发生额合计		余额
月	日										借方	贷方	

步骤 2：编制材料费用分配汇总表，填制记账凭证，登记有关账簿。

根据发出材料汇总表，按照直接耗用材料金额分配甲、乙共同耗用材料费用，编制并填写表 2-1-13 材料费用分配汇总表，并根据计算结果填制图 2-1-2 记账凭证。

表 2-1-13

材料费用分配汇总表

20××年9月　　　　　　　　　　　　　　　　　　　　　　　　　　　　　　单位：元

耗用部门			直接耗用	分配率	共同耗用	合计
基本生产车间	基本生产成本	甲产品				
		乙产品				
		小计				
	一般耗用					
辅助生产车间	电镀车间					
	锅炉车间					
管理部门						
合计						

记 账 凭 证

年　月　日　　　　　　　　　　　　　　　　　　　　　　　第(略)号

摘　要	总账科目	明细科目	借方金额									贷方金额									
			百	十	万	千	百	十	元	角	分	百	十	万	千	百	十	元	角	分
合　　计																					

附单据 张

财务主管：　　　　　　　记账：　　　　　　　　审核：　　　　　　　制单：

图　2-1-2

步骤 3：编制人工费用分配汇总表，填制记账凭证，登记有关账簿。

观察人工费用结算汇总表，根据甲、乙产品生产工时分配甲、乙共同耗用人工费用，编制并填写表 2-1-14 人工费用分配汇总表，并根据相应的计算结果填写图 2-1-3 记账凭证。

表 2-1-14

人工费用分配汇总表
20××年 9 月　　　　　　　　　　　　　　　　　　　　单位：元

耗用部门		生产工时	应付职工薪酬	
			分配率	分配额
基本生产成本	甲产品			
	乙产品			
	小计			
制造费用	基本生产车间			
辅助生产车间	电镀车间			
	锅炉车间			
管理部门				
合计				

记　账　凭　证
年　月　日　　　　　　　　　　　　　　　第(略)号

摘　要	总账科目	明细科目	借方金额									贷方金额									
			百	十	万	千	百	十	元	角	分	百	十	万	千	百	十	元	角	分
合　　计																				

财务主管：　　　　　　记账：　　　　　　　审核：　　　　　　制单：

图　2-1-3

步骤 4：填制折旧费计算表，填制记账凭证，登记有关账簿

根据折旧率计算并填制表 2-1-15 固定资产折旧提取计算表，根据计算结果填制图 2-1-4 记账凭证。

表 2-1-15

固定资产折旧提取计算表
20××年 9 月　　　　　　　　　　　　　　　　　　　　单位：元

部　　门		月初应计提折旧固定资产原值	折　旧	
			折旧率	折旧额
基本生产车间	房屋及建筑物	900 000	0.2%	
	机器设备	8 460 000	0.4%	
	小计	9 360 000		

续表

部 门			月初应计提折旧固定资产原值	折 旧	
				折旧率	折旧额
辅助生产车间	电镀车间	房屋及建筑物	750 000	0.2%	
		机器设备	1 410 000	0.4%	
		小计	2 160 000		
	锅炉车间	房屋及建筑物	1 050 000	0.2%	
		机器设备	810 000	0.4%	
		小计	1 860 000		
管理部门		房屋及建筑物	2 100 000	0.2%	
		机器设备	1 440 000	0.4%	
		小计	3 540 000		
合 计			16 920 000		

记 账 凭 证

年 月 日　　　　　　　　　　　　第(略)号

摘　要	总账科目	明细科目	借方金额									贷方金额									
			百	十	万	千	百	十	元	角	分	百	十	万	千	百	十	元	角	分
合　计																				

财务主管：　　　　　　　记账：　　　　　　　　审核：　　　　　　　制单：

图　2-1-4

步骤 5：填制分配劳保费、办公费、水费的记账凭证，并登记有关账簿。

填制图 2-1-5～图 2-1-8 所示分配劳保费、办公费、水电费的记账凭证并登记表 2-1-8～表 2-1-12 的明细账。

记 账 凭 证

年 月 日　　　　　　　　　　　　第(略)号

摘　要	总账科目	明细科目	借方金额									贷方金额									
			百	十	万	千	百	十	元	角	分	百	十	万	千	百	十	元	角	分
合　计																				

财务主管：　　　　　　　记账：　　　　　　　　审核：　　　　　　　制单：

图　2-1-5

记 账 凭 证

年 月 日   第（略）号

摘　要	总账科目	明细科目	借方金额										贷方金额										
			百	十	万	千	百	十	元	角	分	百	十	万	千	百	十	元	角	分	
合　计																					

财务主管：　　　　　记账：　　　　　审核：　　　　　制单：

图　2-1-6

记 账 凭 证

年 月 日   第（略）号

摘　要	总账科目	明细科目	借方金额										贷方金额										
			百	十	万	千	百	十	元	角	分	百	十	万	千	百	十	元	角	分	
合　计																					

财务主管：　　　　　记账：　　　　　审核：　　　　　制单：

图　2-1-7

记 账 凭 证

年 月 日   第（略）号

摘　要	总账科目	明细科目	借方金额										贷方金额										
			百	十	万	千	百	十	元	角	分	百	十	万	千	百	十	元	角	分	
合　计																					

财务主管：　　　　　记账：　　　　　审核：　　　　　制单：

图　2-1-8

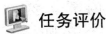 **任务评价**

使用表 2-1-16 进行任务评价。

表　2-1-16

建账和分配要素费用任务评价表

班级		姓名			学号		
项目2任务2.1			建账和分配要素费用				
评价项目	评价标准		分值	自评	互评	师评	总评
期初建账	表头填写准确		10				
填写期初余额	数据准确		10				
分配原材料	分配表、记账凭证、明细账正确		10				
分配人工费	分配表、记账凭证、明细账正确		15				
分配折旧费	分配表、记账凭证、明细账正确		15				
分配其他要素费用	记账凭证、明细账正确		10				
工作态度	严谨认真、无缺勤、无迟到早退		10				
工作质量	按计划完成工作任务		10				
职业素质	遵纪守法、诚实守信、团队合作		10				
合　　计			100				

 知识链接

知识点1：品种法的含义和适用范围

品种法是指以产品品种为成本计算对象，归集和分配生产成本，核算产品成本的一种方法。品种法是最基本的成本计算方法。品种法适用于单步骤大批量组织产品生产的企业，如发电、供水、采掘等企业；也适用于在管理上不要求分步骤提供产品成本信息的多步骤大批量产品生产企业。

品种法的含义
和适用范围

知识点2：品种法的特点

品种法的特点可以从成本核算对象、成本核算期、生产费用在完工产品与在产品之间的分配三方面去理解。

（1）以产品品种作为成本核算对象

采用品种法核算产品成本的企业，如果只生产一种产品，该种产品就是成本核算对象，要为其设置产品成本明细账，按成本项目设专栏，归集生产费用，核算产品成本。所发生的各种生产费用，都是该种产品的直接费用，可以直接记入该种产品的成本明细账。

如果生产多种产品，应按产品品种分别设置成本明细账，归集生产费用，核算产品成本。生产多种产品的直接费用可以根据有关凭证或费用分配表直接记入有关成本明细账。应由几种产品共同负担的间接费用，应采用一定的分配方法，编制费用分配表，在有关产品之间进行分配，然后记入各产品成本明细账。

（2）每月末进行成本核算

在大量、大批单步骤生产中，由于不断重复生产一种或几种产品，很难确定产品的生产周期,不能在产品完工时核算出其成本,因此产品的成本核算要在月末定期进行。在多步骤生产中,如果采用品种法核算成本,成本核算也定期于每月末进行。总之,为了定期反映产品的生产费用信息,在品种法下,成本核算期一般按日历月份划分,与会计报告期一致,而与产品生产周期不一致。

（3）将生产费用在完工产品与在产品之间进行分配

在单步骤生产中,由于生产周期短,月末在产品数量较少,可以不核算在产品成本,成本明细账归集的生产费用之和为完工产品成本。在多步骤生产中,月末一般有在产品,而且数量通常较多,所以应当选择适当的分配方法,将归集的生产费用在完工产品与在产品之间进行分配,以便于核算完工产品的总成本和单位成本。

知识点 3：品种法的成本计算程序

运用品种法计算产品成本,一般按以下三个步骤进行。

① 以产品品种设置基本生产成本明细账,以"直接材料""直接人工""制造费用"等成本项目设置专栏(或专行),归集各种产品的生产耗费,同时设置其他成本费用明细账。

② 编制各种耗费分配表,将本月发生的生产耗费分配计入各种产品成本,即分配记入按品种开设的各基本生产成本明细账。将发生的期间费用分别分配记入销售费用明细账、管理费用明细账和财务费用明细账。

③ 归集分配生产耗费,计算并结转完工产品成本。生产成本在完工产品和月末在产品之间分配,是将各产品基本生产成本明细账归集的生产成本,分别采用一定的方法,在完工产品和月末在产品之间分配,计算出各种完工产品的总成本和单位成本,再根据所计算出的完工产品总成本和单位成本,汇总编制完工产品成本汇总表,结转完工产品成本。

任务 2.2　分配辅助生产成本、制造费用

 任务目标

知识目标：

掌握品种法下辅助生产成本与制造费用的分配。

技能目标：

能根据品种法的特点与核算程序,熟练、准确地完成辅助生产成本、制造费用的归集与分配。

素养目标：

* 树立成本核算工作的细致与系统性观念。
* 培养自觉遵守会计法规和企业规章制度的意识,具备诚实守信的职业道德、良好的团队协作精神。

学习情境

在任务 2.1 中,我们已经完成了龙海公司的期初建账和各项要素费用分配,接下来需要依据品种法进行辅助生产成本、制造费用的归集与分配,补充资料如表 2-2-1 所示。

表　2-2-1

辅助生产车间劳务数量通知单

20××年9月

辅助车间	甲产品	乙产品	基本生产车间	电镀车间	锅炉车间	管理部门	合计
电镀车间/平方米	30 000	14 190			720	90	45 000
锅炉车间/吨			750	180		150	1 080

 任务要求

根据学习情境描述的资料采用品种法计算产品成本,任务要求如下。

(1) 将待分配的辅助生产费用按照生产车间劳务数量进行分配,填写辅助生产费用分配表。

(2) 根据辅助生产费用分配表填制记账凭证,并登记相关账簿。

(3) 将制造费用按照产品生产工时进行分配,填写制造费用分配表。

(4) 根据辅助生产费用分配表填制记账凭证,并登记相关账簿。

 获取信息

引导问题1:辅助生产费用分配表中的待分配费用可以在哪张表格中找到?

小提示　待分配费用可以从任务2.1中表2-1-10生产成本——辅助生产成本(电镀)、表2-1-11生产成本——辅助生产成本(锅炉)中的最终余额处找到。

引导问题2:在填制辅助生产费用分配表中的"对外提供劳务数量"时,应注意什么?

小提示　在填写"对外提供劳务数量"时,应注意除去辅助生产车间相互提供劳务的数量,数值来源于表2-2-1辅助生产车间劳务数量通知单。

引导问题3:在分配辅助生产成本时,登记明细账时的注意事项是什么?

小提示　登记基本生产明细账时数据需填在"制造费用"项目下,辅助生产成本分配完后,明细账余额变为0。

引导问题4:制造费用分配表中的分配总额可以在哪张表格中找到?

小提示　制造费用分配表中的分配额来源于制造费用明细账,其分配标准是两种产品的实际生产工时。

引导问题5:在分配制造费用时,登记明细账时的注意事项是什么?

小提示　登记基本生产明细账时数据需填在"制造费用"项目下,制造费用分配完后,明细账余额变为0。

任务实施

步骤 1：将待分配的辅助生产费用按照生产车间劳务数量进行分配，填写辅助生产费用分配表。

根据任务 2.1 中的辅助生产成本明细账归集的费用，按照对外提供的劳务数量，采用直接分配法编制辅助生产费用分配表，在表 2-2-2 中填写。

表　2-2-2

辅助生产费用分配表

20××年 9 月 　　　　　　　　　　　金额单位：元

辅助生产车间名称			电镀车间	锅炉车间	金额合计
待分配费用					
对外提供劳务数量					
费用分配率					
基本生产车间	生产耗用	甲产品 数量			
		甲产品 金额			
		乙产品 数量			
		乙产品 金额			
		小计 数量			
		小计 金额			
	一般耗用	数量			
		金额			
管理部门		数量			
		金额			
分配费用合计					

步骤 2：根据辅助生产费用分配表填制记账凭证，并登记相关账簿。

根据辅助生产费用分配表，填制图 2-2-1 记账凭证，并在任务 2.1 表 2-1-8～表 2-1-12 中填写明细账。

记　账　凭　证

年　月　日 　　　　　　　　　　　　　第（略）号

摘　　要	总账科目	明细科目	借方金额									贷方金额									
			百	十	万	千	百	十	元	角	分	百	十	万	千	百	十	元	角	分
合　　计																					

财务主管：　　　　　记账：　　　　　　　　审核：　　　　　　　　制单：

图　2-2-1

步骤3：将制造费用按照产品生产工时进行分配，填写制造费用分配表。

根据制造费用明细账归集的费用，按生产工时进行分配，编制制造费用分配表，在表 2-2-3 中填写。

表 2-2-3

制造费用分配表

20××年9月
金额单位：元

产品名称	生产工时	分配率	分配额
甲产品			
乙产品			
合计			

步骤4：根据辅助生产费用分配表填制记账凭证，并登记相关账簿。

根据制造费用分配表，填制图 2-2-2 记账凭证，并在任务 2.1 表 2-1-8～表 2-1-12 中填写明细账。

记 账 凭 证

年 月 日
第(略)号

摘 要	总账科目	明细科目	借方金额									贷方金额								
			百	十	万	千	百	十	元	角	分	百	十	万	千	百	十	元	角	分
合 计																				

附单据 张

财务主管： 记账： 审核： 制单：

图 2-2-2

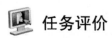 **任务评价**

使用表 2-2-4 进行任务评价。

表 2-2-4

分配辅助生产成本、制造费用任务评价表

班级		姓名				学号	
项目2 任务 2.2			分配辅助生产成本、制造费用				
评价项目	评价标准	分值	自评	互评	师评	总评	
分配生产费用	分配表正确	15					
填制凭证	记账凭证、明细账正确	20					
分配制造费用	分配表正确	15					
填制凭证	记账凭证、明细账正确	20					
工作态度	严谨认真、无缺勤、无迟到早退	10					
工作质量	按计划完成工作任务	10					
职业素质	遵纪守法、诚实守信、团队合作	10					
合　计		100					

 知识链接

知识点1：辅助生产费用的含义和账户设置

辅助生产是指为基本生产和行政管理部门服务而进行的产品生产和劳务供应。辅助生产所进行的产品生产主要包括工具、模具、修理用备件、零件制造等；辅助生产所进行的劳务供应主要包括运输、修理、供水、供电、供气、供风等服务。辅助生产部门在进行产品生产和劳务供应时所发生的各种费用就是辅助生产费用。

辅助生产费用在进行账务处理时，账户设置为"辅助生产成本——车间名称及其生产的产品、劳务的种类""制造费用——辅助生产车间名称"。直接用于辅助生产产品或提供劳务的费用记入"辅助生产成本"科目及所属明细账有关成本项目；间接用于辅助生产产品或提供劳务而没有专设成本项目的费用，或辅助生产车间组织管理生产所发生的费用，记入"制造费用"科目后，直接或分配转入"辅助生产成本"科目及所属明细账的"制造费用"成本项目中。其典型分录为

借：辅助生产成本

　贷：原材料

　　　应付职工薪酬等

若企业规模较小，发生的制造费用不多，也不对外销售辅助生产的产品或劳务的车间，为简化核算工作，可不单独设置辅助生产车间的制造费用明细账，将辅助生产车间发生的制造费用直接记入辅助生产成本明细账。

知识点2：直接分配法的工作原理和特点

用直接分配法分配辅助生产费用时，不计算辅助生产车间相互提供产品和劳务的费用，直接将辅助生产车间发生的实际费用分配给辅助生产车间以外的各受益对象，其计算公

式为

$$某辅助生产车间费用分配率=\frac{某辅助生产车间待分配费用总额}{辅助生产车间对外提供劳务数量之和}$$

某受益对象应负担的劳务费用＝该受益对象耗用的劳务数量×辅助生产费用分配率

运用直接分配法进行辅助生产费用分配的优点是计算简便,缺点是因为辅助生产车间之间不相互分摊费用,分配结果不够准确。因此,直接分配法适用于辅助生产车间内部相互提供劳务不多、不进行交互分配对辅助生产成本和企业产品影响不大的情况。

任务 2.3 分配完工产品和在产品成本

 任务目标

知识目标:

掌握品种法下完工产品和在产品成本的计算。

技能目标:

能根据品种法的特点与核算程序,熟练、准确地完成完工产品和在产品成本的计算与分配。

素养目标:

- 树立成本核算工作的细致与系统性观念。
- 培养自觉遵守会计法规和企业规章制度的意识,具备诚实守信的职业道德、良好的团队协作精神。

 学习情境

在任务 2.1、任务 2.2 中,我们已经完成了龙海公司的期初建账和各项要素费用分配,以及辅助生产成本、制造费用的分配,接下来需要依据品种法进行完工产品和在产品的计算与分配,在进行计算与分配时,采用约当产量法,原材料为一次投入,人工费用和制造费用的月末在产品完工程度均为 50%,补充资料如表 2-3-1 所示。

表 2-3-1

产量及工时记录

20××年 9 月

项　　目	甲产品	乙产品
本月完工/件	1 200	750
月末在产品/件	600	300
实际生产工时/小时	70 500	49 500

任务要求

根据学习情境描述的资料采用品种法计算产品成本，任务要求如下。

（1）根据甲、乙产品的基本生产明细账，计算本月发生额和本月累计额，运用约当产量法，填写甲、乙产品成本计算单。

（2）根据产品成本计算单填制记账凭证。

（3）根据记账凭证登记明细账。

 获取信息

引导问题1：根据任务要求，思考本月发生额和本月累计额应该如何进行计算？

小提示　本月发生额和本月累计额应当结合基本生产成本明细账进行计算，其中本月发生额指的是本月新发生的成本，不包含月初在产品成本，而本月累计额包含月初在产品成本。

引导问题2：在进行在产品计算时，应该注意哪些方面的问题？

小提示　在进行在产品计算时，采用约当产量法进行计算。根据学习情境描述，原材料在开工时一次投入，其余成本在产品按照完工程度的50%计算产品成本。

引导问题3：在填制记账凭证时，应该注意哪些方面的问题？

小提示　在填制记账凭证时，需进行完工产品成本的结转，把已完工的基本生产成本结转至库存商品。

引导问题4：在登记明细账时，应该注意哪些方面的问题？

小提示　根据记账凭证登记明细账时，需注意新增填写"转出完工产品成本""期末在产品成本"。

任务实施

步骤1：根据甲、乙产品的基本生产明细账，计算本月发生额和本月累计额，运用约当产量法，填写甲、乙产品成本计算单。

在甲、乙产品基本生产成本明细账中，计算本月发生额和本月累计额，再根据表2-3-1中甲、乙产品产量记录，计算甲、乙产品完工产品和在产品成本。请填写表2-3-2和表2-3-3产品成本计算单。

表　2-3-2

产品名称：甲产品　　　　　　　　　　　　　　　　　　　　　　金额单位：元

产品成本计算单

成本项目	月初在产品成本	本月生产费用	合计	完工产品数量	生产量			合计	单位产品成本	在产品成本	完工产品成本
项目					数量	完工程度	约当产量				
直接材料											
直接人工											
制造费用											
合计											

表　2-3-3

产品名称：乙产品　　　　　　　　　　　　　　　　　　　　　　金额单位：元

产品成本计算单

成本项目	月初在产品成本	本月生产费用	合计	完工产品数量	生产量			合计	单位产品成本	在产品成本	完工产品成本
项目					数量	完工程度	约当产量				
直接材料											
直接人工											
制造费用											
合计											

步骤 2：根据产品成本计算单填制图 2-3-1 和图 2-3-2 记账凭证。

记 账 凭 证

年 月 日 第（略）号

摘　　要	总账科目	明细科目	借方金额									贷方金额								
			百	十	万	千	百	十	元	角	分	百	十	万	千	百	十	元	角	分
合　　计																				

财务主管： 记账： 审核： 制单：

图 2-3-1

记 账 凭 证

年 月 日 第（略）号

摘　　要	总账科目	明细科目	借方金额									贷方金额								
			百	十	万	千	百	十	元	角	分	百	十	万	千	百	十	元	角	分
合　　计																				

财务主管： 记账： 审核： 制单：

图 2-3-2

步骤 3：根据记账凭证登记明细账。

请根据记账凭证，在任务 2.1 中表 2-1-8 和表 2-1-9 中填写甲、乙产品基本生产成本明细账。

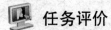 **任务评价**

使用表 2-3-4 进行任务评价。

表　2-3-4

分配完工产品和在产品成本任务评价表

班级		姓名		学号		
项目2任务2.3			分配完工产品和在产品成本			
评价项目	评价标准		分值	自评	互评	师评	总评
填写计算单	计算单正确		25				
填制记账凭证	记账凭证正确		20				
登记明细账	明细账正确		25				
工作态度	严谨认真、无缺勤、无迟到早退		10				
工作质量	按计划完成工作任务		10				
职业素质	遵纪守法、诚实守信、团队合作		10				
合　计			100				

 知识链接

知识点1：在产品投料程度的确定

直接材料费用项目约当产量的确定取决于在产品投料程度。在产品投料程度是指在产品已投材料占完工产品应投材料的百分比。在生产过程中,材料投入形式通常有四种:在生产开始时一次投入;在生产过程中陆续投入,且投入量与加工进度一致;在生产过程中陆续投入,且投入量与加工进度不一致;在生产过程中分工序一次性投入。在本任务中,只涉及前两种材料投入形式。

(1)原材料在生产开始时一次投入

当直接材料于生产开始时一次投入,即投料百分比为100%时,不论在产品完工程度如何,其单位在产品耗用的原材料与单位完工产品耗用的原材料是相等的。因此,用以分配直接材料费用的在产品的约当产量即为在产品的实际数量。

(2)原材料陆续投入,且投入量与加工进度一致

当直接材料随生产过程陆续投入且投入量与加工进度一致时,在产品投料程度的计算与完工程度的计算相同。此时,分配直接材料费用的在产品约当产量按完工程度折算。

知识点2：在产品完工程度的确定

直接人工和制造费用也称加工费用,通常按完工程度计算约当产量。完工程度的确定在本任务中只涉及按平均完工程度计算,当企业生产进度比较均衡,各道工序在产品数量和加工量上都相差不大时,后面各工序在产品多加工的程度可以弥补前面各工序少加工的程度。这样,全部在产品完工程度均可按50%平均计算。

项目3

分批法及其应用

在实际生产活动中,有些企业经常根据客户订单从事产品生产,如船舶制造、精密仪器生产、特种设备制造等;有些产品种类经常变动的小型企业,如服装厂、鞋帽厂等;还有些企业专门从事修理业务以及新产品试制。这些企业经常采用分批法计算产品成本。由于企业的成本核算制度不同,成本计算的程序不同,分批法又分为一般分批法和简化分批法。

分批法及其应用的任务设计

任务	学习任务	能力目标	学时
3.1	一般分批法的应用	能够根据一般分批法的工作原理处理企业成本核算问题	2
3.2	简化分批法的应用	能够运用简化分批法处理生产批次较多且完工批次较少的企业的成本核算问题	2

任务 3.1 一般分批法的应用

 任务目标

知识目标:
掌握一般分批法的成本核算程序。

技能目标:
能根据一般分批法的特点与核算程序,完成企业成本核算工作。

素养目标:
- 养成及时、严谨、真实、准确记录会计数据的良好习惯。
- 培养遵守企业财务制度和严格执行财经法规纪律的职业素养。

学习情境

海洋机械制造厂是一家从事小批量订单加工的企业,管理上不要求分步骤计算产品成本,所以采用了一般分批法计算产品成本。该企业20××年9月的有关成本资料如表3-1-1和表3-1-2所示。

表 3-1-1

月初在产品成本

20××年9月1日   金额单位:元

批号	产品名称	直接材料	直接人工	制造费用	合计
1001	甲产品	80 000	12 000	10 000	102 000
1002	乙产品	100 000	12 000	8 000	120 000
合计		180 000	24 000	18 000	222 000

表 3-1-2

本月生产情况登记表

20××年9月

批号	产品名称	投产日期	生产数量/件	本月完工/件	生产工时/小时
1001	甲产品	20××年8月5日	50	50	8 000
1002	乙产品	20××年8月20日	60	0	4 000
1003	丙产品	20××年9月6日	50	5	4 000
合计					16 000

本月耗用原材料费用400 000元,均为1003批次丙产品耗用。本月产品生产工人的人工费用为57 000元,制造费用总额为48 000元,本月1003批次丙产品的单位产品定额成本为8 824元,其中直接材料6 000元,直接人工1 824元,制造费用1 000元。

📖 任务要求

根据学习情境描述的资料,采用一般分批法计算产品成本,任务要求如下。

(1) 按产品批次开设产品成本明细账,登记期初余额。

(2) 填制领用材料的记账凭证,并登记有关账簿。

(3) 分配人工费用采用生产工时比例分配法在各批次的产品之间分配人工费用,编制人工费用分配汇总表,填制记账凭证,登记有关账簿。

(4) 分配制造费用采用生产工时比例分配法在各批次的产品之间分配制造费用,编制制造费用分配表,填制记账凭证,登记有关账簿。

(5) 结转完工产品成本。计算1001批次的完工产品成本和单位成本,填制记账凭证,登记有关账簿。按定额成本结转1003批次的部分完工产品的成本,填制记账凭证,登记有关账簿。

获取信息

一般分批法工作流程如图 3-1-1 所示。

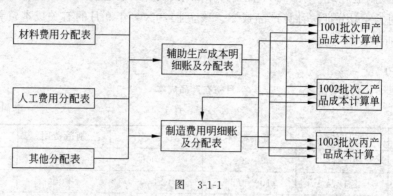

图 3-1-1

引导问题 1：具有什么工艺特点的企业采取一般分批法？

小提示　小批次订单加工，不要求分步骤计算产品成本的企业采用一般分批法。

引导问题 2：建立明细账时，明细账表头部分要注意什么？

小提示　左上角的批号和产品名称，右上角的产量、投产日期和完工日期，都应根据生产情况登记表填写。

引导问题 3：登记期初余额的注意事项是什么？

小提示　根据月初在产品成本表按产品批别、名称分别在各种产品明细账第一行上写明：日期、摘要、各成本项目数据、方向、余额。应注意，学习情境描述中只有 1001、1002 批次有期初余额，1003 批次没有期初余额。

引导问题 4：本月材料费用是否需要分配？

小提示　根据本月耗用材料情况，只涉及 1003 批次产品。

引导问题 5：人工费用分配注意的问题是什么？

小提示　根据任务要求，按照生产工时分配人工费用，编制人工费用分配表，填记账凭证并登记相关账簿。在本月生产情况登记表中查找生产工时。

引导问题 6：制造费用分配注意的问题是什么？

小提示　根据任务要求，按照生产工时分配制造费用，编制制造费用分配表，填记账凭证并登记相关账簿。在本月生产情况登记表中查找生产工时。

引导问题 7：一般分批法下期末分配完工产品和在产品成本需要注意什么？

小提示 跨期陆续完工情况下,应采用适当方法在完工产品与在产品之间划分。如完工产品少,在产品多,按计划成本、定额成本、近期同种产品实际成本计算完工产品成本;如完工产品多,在产品少,按约当产量法、定额比例法分配完工产品和月末在产品成本。

任务实施

步骤1:按产品批次开设产品成本明细账,登记期初余额。

分析原始资料,针对该企业生产工艺特点、管理要求选择合适的成本计算方法,完成期初建账工作。请在表 3-1-3~表 3-1-5 中填写。

与该情景相关的明细账如下。

表 3-1-3

产品成本明细账

批量: 件

产品批号:　　　　　　　　　　　　　　　　　投产日期:　年　月　日
产品名称:　　　　　　　　　　　　　　　　　完工日期:　年　月　日

年		摘要	直接材料	直接人工	制造费用	发生额合计		余额
月	日					借方	贷方	

表 3-1-4

产品成本明细账

批量:件

产品批号:　　　　　　　　　　　　　　　　　投产日期:　年　月　日
产品名称:　　　　　　　　　　　　　　　　　完工日期:　年　月　日

年		摘要	直接材料	直接人工	制造费用	发生额合计		余额
月	日					借方	贷方	

表　3-1-5

产品成本明细账

批量：件

产品批号：　　　　　　　　　　　　　　　　　　　投产日期：　　年　　月　　日
产品名称：　　　　　　　　　　　　　　　　　　　完工日期：　　年　　月　　日

| 年 | | 摘要 | 直接材料 | 直接人工 | 制造费用 | 发生额合计 | | 余额 |
月	日					借方	贷方	

步骤 2：填制领用材料的记账凭证，并登记相关账簿。

根据本月耗用材料情况，填写图 3-1-2 记账凭证登记产品成本明细账，只涉及 1003 批次产品，在表 3-1-5 中填写明细账。

记 账 凭 证

年　　月　　日　　　　　　　　　　　　　　　　第(略)号

| 摘　　要 | 总账科目 | 明细科目 | 借方金额 | | | | | | | | | 贷方金额 | | | | | | | | | |
			百	十	万	千	百	十	元	角	分	百	十	万	千	百	十	元	角	分
合　　计																				

附单据　张

财务主管：　　　　　　记账：　　　　　　　　审核：　　　　　　　　制单：

图　3-1-2

步骤 3：分配人工费用。

编制人工费用分配表，填写表 3-1-6，填写图 3-1-3 记账凭证并登记相关账簿。

表　3-1-6

人工费用分配表

20××年 9 月　　　　　　　　　　　　金额单位：元

受益对象		生产工时	分配率	分配金额
1001	甲产品			
1002	乙产品			
1003	丙产品			
合计				

记　账　凭　证

年　月　日　　　　　　　　　　　　　　第(略)号

摘　　要	总账科目	明细科目	借方金额									贷方金额								
			百	十	万	千	百	十	元	角	分	百	十	万	千	百	十	元	角	分
合　　计																				

财务主管：　　　　　　记账：　　　　　　审核：　　　　　　制单：

图　3-1-3

根据记账凭证登记明细账,在表 3-1-3～表 3-1-5 中填写。

步骤 4：分配制造费用。

编制制造费用分配表,填写表 3-1-7,填写图 3-1-4 记账凭证并登记相关账簿。

表　**3-1-7**

制造费用分配表

20××年 9 月　　　　　　　　　　　金额单位：元

受益对象		生产工时	分配率	分配金额
1001	甲产品			
1002	乙产品			
1003	丙产品			
合　计				

记　账　凭　证

年　月　日　　　　　　　　　　　　　　第(略)号

摘　　要	总账科目	明细科目	借方金额									贷方金额								
			百	十	万	千	百	十	元	角	分	百	十	万	千	百	十	元	角	分
合　　计																				

财务主管：　　　　　　记账：　　　　　　审核：　　　　　　制单：

图　3-1-4

根据记账凭证登记明细账,在表 3-1-3～表 3-1-5 中填写。

步骤 5：结转完工产品成本。

计算 1001 批次、1002 批次、1003 批次本月完工产品成本，填写图 3-1-5 记账凭证并填写表 3-1-3～表 3-1-5 产品明细账。

记　账　凭　证
年　月　日　　　　　　　　　　　　　　　　　第（略）号

摘　　　要	总账科目	明细科目	借方金额									贷方金额								
			百	十	万	千	百	十	元	角	分	百	十	万	千	百	十	元	角	分
合　　　计																				

附单据　张

财务主管：　　　　　　记账：　　　　　　审核：　　　　　　制单：

图　3-1-5

 ## 任务评价

使用表 3-1-8 进行任务评价。

表　3-1-8

一般分批法的应用任务评价表

班级		姓名			学号	
项目 3 任务 3.1			一般分批法的应用			
评价项目	评价标准	分值	自评	互评	师评	总评
期初建账	表头填写准确	10				
填写期初余额	数据准确	10				
分配原材料	记账凭证、明细账正确	10				
分配人工费用	分配表、记账凭证、明细账正确	15				
分配制造费用	分配表、记账凭证、明细账正确	15				
结转完工产品成本	记账凭证、明细账正确	10				
工作态度	严谨认真、无缺勤、无迟到早退	10				
工作质量	按计划完成工作任务	10				
职业素质	遵纪守法、诚实守信、团队合作	10				
合　　　计		100				

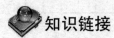 ## 知识链接

知识点 1：分批法的含义和适用范围

产品成本计算的分批法也称订单法，是指以产品的批次作为成本计算对象来归集生产费

用、计算产品成本的一种成本计算方法,主要适用于以下几种类型的企业。

① 根据客户订单生产的企业,如船舶制造、精密仪器生产特种设备制造等。

② 产品种类经常变动的小企业,如服装厂、鞋帽厂等。

③ 专门从事修理业务的企业。

④ 从事新产品试制的车间。

分批法的含义和
适用范围

因为企业的成本核算制度不同,成本计算的程序不同,分批法又分为一般分批法和简化分批法两种方法,本任务只讨论一般分批法。

知识点2：一般分批法的含义

一般分批法以产品的批别作为产品生产成本的计算对象,按照产品的批别设置基本生产成本明细账,归集生产费用,每月月末将间接费用采用一定方法分配计入各批别产品成本,有完工产品的月份,计算完工产品和在产品成本,所以也称"间接费用当月分配法"。一般分批法适用于小批、单件、管理上不要求分步计算产品成本且生产批次较少的企业。

知识点3：分批法的特点

分批法的特点可以从成本计算对象、成本计算期、生产费用在完工产品与在产品之间的分配三方面去理解。

（1）成本计算对象

分批法的成本计算对象就是产品的批别（单件生产的为件别）,在小批和单件生产中,产品的种类和每批产品的批量多是根据订单确定的。除一般情况外,以下四种情况按照生产任务通知单计算产品成本：①一张订单中有不同品种的产品——按产品品种划分批别；②一张订单仅包括一种产品,数量大,要求分批交货——分数批；③不同购货单位同时订购一种产品——合为一批；④订单中只有一种产品,该产品属大型复杂产品,价值大,生产周期长——按产品的组成部分分批。

（2）成本计算期

分批法的成本计算期是不定期的,一般在各批别完工时计算产品成本,与生产周期基本一致,与会计核算期不一定相同。

（3）生产费用在完工产品与在产品之间的分配

由于分批法需要等到整批产品全部完工后,才能计算出其实际总成本和单位成本。所以,就某批产品而言,如果不存在跨月陆续完工的情况,则不存在生产费用在完工产品与在产品之间的分配问题。但在产品批量较大、批内产品有跨月陆续完工情况,应采用适当方法在完工产品与在产品之间划分生产费用。

任务 3.2　简化分批法的应用

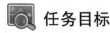 任务目标

知识目标：

掌握简化分批法的成本核算程序。

技能目标：

能根据简化分批法的特点与核算程序，完成企业成本核算工作。

素养目标：

· 树立成本核算工作的细致与系统性观念。

· 培养自觉遵守会计法规和企业规章制度的意识，具备诚实守信的职业道德、良好的团队协作精神。

 学习情境

立达机械厂是一家生产批次多、批量小的加工型企业，为了简化成本核算工作，该企业采用简化分批法核算产品成本。该企业20××年9月各批次产品的投产情况如表3-2-1所示。

表 3-2-1

产品生产批次表

批号	产品名称	批量	生产日期	完工日期
5011	A产品	10	7月6日	9月30日
5012	B产品	4	8月12日	9月22日
5013	C产品	20	8月24日	未完工
5014	D产品	2	8月26日	未完工
5015	E产品	8	9月22日	未完工

月初在产品成本及累计生产工时情况如表3-2-2和表3-2-3所示。

表 3-2-2

月初在产品成本

20××年9月1日   金额单位：元

产品批次		直接材料	直接人工	制作费用	合计
5011	A产品	880 000			
5012	B产品	240 000			
5013	C产品	440 000			
5014	D产品	200 000			
合计		1 760 000	560 000	440 000	2 760 000

表 3-2-3

月初在产品累计生产工时

20××年9月1日   单位：小时

产品批次	5011 A产品	5012 B产品	5013 C产品	5014 D产品	合计
累计生产工时	80 000	60 000	76 000	24 000	240 000

本月发生的生产费用及耗用生产工时情况如表3-2-4所示。

表 3-2-4

本月发生的生产费用及耗用生产工时

20××年9月

产品批次		5011	5012	5013	5014	5015	合计
		A产品	B产品	C产品	D产品	E产品	
生产费用(元)	直接材料					404 000	404 000
	直接人工						172 000
	制造费用						145 600
生产工时/小时		10 000	8 000	12 000	12 400	10 400	52 800

 任务要求

根据学习情境描述的资料采用简化分批法计算产品成本,任务要求如下。

(1) 开设生产成本总账、基本生产成本二级账和按产品批次设置的产品成本计算单,并设置生产工时专栏,登记期初库存信息。

(2) 归集分配生产费用,登记账簿:直接材料和工时平行登记;间接费用在二级账中登记。

(3) 月末用累计间接费用分配率法分配完工产品间接费用。

(4) 计算各批次完工产品成本和在产品成本。

(5) 对已经整批完工的产品计算完工实际成本和单位成本。

(6) 编制完工产品成本汇总表,结转完工入库产品成本。

 获取信息

简化分批法工作流程如图 3-2-1 所示。

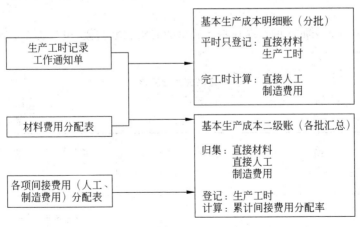

图 3-2-1

引导问题 1:具有工艺特点的企业适合采取简化分批法?

小提示　同一月份投产的批次较多,且月末未完工的批次也较多的企业。

引导问题 2：简化分批法账簿设置的特点是什么？

小提示　简化分批法下，企业除按批别设立产品成本明细账外，还必须设立基本生产二级账，以便按月提供企业或车间全部产品的累计生产费用和累计工时资料。

引导问题 3：简化分批法的记账特点是什么？

小提示　明细账平时只登记直接费用和生产工时，只有在有完工产品的月份，才计算确定并登记完工产品应负担的间接费用，计算转出完工产品成本。二级账反映全部产品各类成本项目总数、生产工时总数、完工产品和在产品成本总数。

引导问题 4：在简化分批法下的企业明细账与一般分批法明细账有什么显著的不同点？

小提示　必须设立基本生产成本二级账，按月提供全部产品的累计生产费用和累计工时资料。

引导问题 5：在简化分批法下，基本生产成本二级账和每一批次明细账之间的数据分布情况有什么不同？

小提示　各批次明细账平时只登记直接材料和生产工时，不登记直接人工和制造费用，当有完工产品时，材料费用、工时费用、人工费用、制造费用都计算，没有完工产品时，不需要计算直接人工和制造费用。

 任务实施

步骤 1：分析该公司分多少批次组织生产，生产哪些产品？投产日期是什么时间？完工情况如何？

步骤 2：填写 5 个批次的产品成本计算单的表头和期初数，填写表 3-2-5～表 3-2-9。

表　3-2-5

产品成本计算单

产品批号：　　　　　　　　产品名称：　　　　　　　　投产日期：
订货单位：　　　　　　　　批量：　　　　　　　　　　完工日期：

20××年		摘要	直接材料	生产工时	直接人工	制造费用	合计
月	日						

表　3-2-6

产品成本计算单

产品批号：　　　　　　　　　　产品名称：　　　　　　　　　投产日期：

订货单位：　　　　　　　　　　批量：　　　　　　　　　　　完工日期：

20××年		摘要	直接材料	生产工时	直接人工	制造费用	合计
月	日						

表　3-2-7

产品成本计算单

产品批号：　　　　　　　　　　产品名称：　　　　　　　　　投产日期：

订货单位：　　　　　　　　　　批量：　　　　　　　　　　　完工日期：

20××年		摘要	直接材料	生产工时	直接人工	制造费用	合计
月	日						

表　3-2-8

产品成本计算单

产品批号：　　　　　　　　　　产品名称：　　　　　　　　　投产日期：

订货单位：　　　　　　　　　　批量：　　　　　　　　　　　完工日期：

20××年		摘要	直接材料	生产工时	直接人工	制造费用	合计
月	日						

表　3-2-9

产品成本计算单

产品批号：　　　　　　　　　　产品名称：　　　　　　　　　　投产日期：
订货单位：　　　　　　　　　　批量：　　　　　　　　　　　　完工日期：

20××年		摘要	直接材料	生产工时	直接人工	制造费用	合计
月	日						

步骤 3：填写基本生产成本二级账，见表 3-2-10。

表　3-2-10

基本生产成本二级账

车间名称：　　　　　　　　　　　　　　　　　　　　　　金额单位：元

20××年		摘要	直接材料	生产工时	直接人工	制造费用	合计
月	日						

步骤 4：填写 5 个批次的产品成本计算单本期发生数，见表 3-2-5～表 3-2-9。

步骤 5：根据 5 张产品成本计算单填写基本生产成本二级账中的本月数、累计数，计算累计间接费用分配率，填写表 3-2-10。

步骤 6：根据基本生产成本二级账，填写 5 个批次产品成本计算单，填写表 3-2-5～表 3-2-9。

步骤 7：填写完工产品成本汇总表并做记账凭证，填写表 3-2-11 和图 3-2-2。

表　3-2-11

完工产品成本汇总表

20××年 9 月　　　　　　　　　　金额单位：元

成本项目	A 产品		B 产品		合计
	总成本	单位成本	总成本	单位成本	
直接材料					
直接人工					
制造费用					
合计					

记 账 凭 证

年 月 日　　　　　　　　　　　　第（略）号

摘　要	总账科目	明细科目	借方金额									贷方金额								
			百	十	万	千	百	十	元	角	分	百	十	万	千	百	十	元	角	分
合　计																				

附单据　张

财务主管：　　　　　记账：　　　　　审核：　　　　　制单：

图 3-2-2

步骤 8：填写完成基本生产成本二级账，见表 3-2-10。

 任务评价

使用表 3-2-12 进行任务评价。

表 3-2-12

简化分批法的应用任务评价表

班级		姓名			学号	
项目 3 任务 3.2			简化分批法的应用			
评价项目	评价标准		分值	自评	互评	师评	总评
期初建账	表头填写准确		10				
填写期初余额	数据准确		10				
分配原材料	记账凭证、明细账正确		10				
分配人工费用	分配表、记账凭证、明细账正确		15				
分配制造费用	分配表、记账凭证、明细账正确		15				
结转完工产品成本	记账凭证、明细账正确		10				
工作态度	严谨认真、无缺勤、无迟到早退		10				
工作质量	按计划完成工作任务		10				
职业素质	遵纪守法、诚实守信、团队合作		10				
合　计			100				

 **知识链接**

知识点 1：简化分批法的含义和适用范围

简化分批法又称不分批计算在产品成本法、间接费用累计分配法，是指在各批产品完工之前，明细账内只按月登记直接计入费用和生产工时。简化分批法的特点是需要同时设置基本生产成本二级账和明细账，

简化分批法的含义
和适用范围

归集各批次产品的成本费用以及生产工时的发生、转出情况，在分配间接费用时，只对当月有完工产品的批次按照累计分配率进行分配，将未完工批次的间接费用总额保留在基本生产成本二级账中。

简化分批法一般适用于同一月份投产的批次较多，且月末未完工的批次也较多的企业或车间。

知识点 2：简化分批法的特点

（1）账簿设置特点

除按批别设立产品成本明细账外，还必须设立基本生产成本二级账，以便按月提供企业或车间全部产品的累计生产费用和累计工时资料。

简化分批法的
特点

（2）记账特点

明细账平时只登记直接费用和生产工时，只有在有完工产品的月份，才计算确定并登记完工产品应负担的间接费用，计算转出完工产品成本。二级账反映全部产品各类成本项目总数、生产工时总数、完工产品和在产品成本总数。

（3）间接费用分配特点

月末，当有完工产品时，按累计间接费用分配率分配间接费用，结转完工产品应分配的间接计入费用，对未完工的在产品则不分配间接计入费用，其费用仍以总数额反映在基本生产成本二级账中。

知识点 3：简化分批法的优缺点

简化分批法的优点是月末未完工产品的批次越多，核算工作越简化；缺点是成本计算的准确性差。

知识点 4：简化分批法与一般分批法的区别

简化分批法各批产品之间分配间接费用的工作和完工产品与在产品之间分配费用的工作，都是利用累计间接费用分配率，到产品完工时合在一起进行的。也就是说，各项间接计入费用累计分配，既是在各批完工产品之间分配各项费用的依据，也是在完工批别与月末在产品批别之间，以及某批产品的完工产品与月末在产品之间分配各项费用的依据。成本计算工作中的横向分配工作与纵向分配工作，在有完工产品时，根据同一个费用分配率一次分配完成。

一般分批法没有累计间接费用分配的处理。

项目4

分步法及其应用

　　在实际生产活动中,有一些企业会根据产品的生产步骤归集生产费用,计算产品成本,这种方法称为分步法。分步法主要适用于大量、大批的多步骤生产产品的企业,一般是连续式的复杂生产。在这种企业里,产品生产要经过几个生产步骤。例如,纺织企业可以分为纺纱、织布等步骤,造纸企业可以分为制浆、制纸、包装等步骤,除最后一个步骤所生产出来的是产成品外,其余各个生产步骤所生产的都是各种不同阶段的半成品,这些半成品是下一个步骤的加工对象,有的也可以对外销售。冶金、纺织、造纸以及大量大批生产的机械制造企业为了加强成本管理,按照产品的生产步骤进行生产费用的归集,计算各步骤的产品成本,提供反映各个生产步骤成本计划执行情况的资料。

　　分步法根据计算方式的不同可以分为逐步结转分步法和平行结转分步法。逐步结转分步法按各生产步骤间所结转的半成品成本在下一步骤产品成本明细账中的反映方法不同,又可以分为综合逐步结转分步法和分项逐步结转分步法。

分步法及其应用的任务设计

任务	学 习 任 务	能 力 目 标	学时
4.1	综合逐步结转分步法的应用	能够根据综合逐步结转分步法处理企业的成本核算问题,正确设置生产成本明细账并进行相应的成本核算	2
4.2	分项逐步结转分步法的应用	能够运用分项逐步结转分步法处理企业的成本核算问题,正确设置生产成本明细账并进行相应的成本核算	2
4.3	平行结转分步法的应用	能够运用平行结转分步法处理企业的成本核算问题,正确设置生产成本明细账并进行相应的成本核算	2

任务 4.1　综合逐步结转分步法的应用

 任务目标

知识目标：

了解综合逐步结转分步法的含义、适用范围及特点，掌握综合逐步结转分步法的成本核算程序。

技能目标：

能根据综合逐步结转分步法的特点与核算程序，完成企业成本核算工作。

素养目标：

• 遵守国家法律、法规和统一的会计准则，树立成本核算工作的细致与系统性观念。

• 具备团队精神，团结协作，互相帮助。

 学习情境

辰星机械公司20××年9月生产M产品，经过三个生产车间顺序加工。第一车间生产的半成品A直接被第二车间领用，第二车间生产的半成品B直接被第三车间领用，并由第三车间将其加工成产成品M产品。M产品的原材料在第一车间生产开始时一次投入，各车间月末在产品的完工程度均为50％。分析辰星机械公司原始资料，完成期初建账工作，在产品按约当产量法计算有关产量、成本计算资料如表4-1-1和表4-1-2所示。

表　4-1-1

产量资料

20××年9月　　　　　　　　　　　　　　　　　　　单位：件

项目	第一车间	第二车间	第三车间
月初在产品	200	200	1 000
本月投产（或上步骤转入）	2 000	1 800	1 500
本月产成品	1 800	1 500	1 500
月末在产品	400	500	1 000
在产品完工程度	50％	50％	50％

表　4-1-2

各步骤费用资料

20××年9月　　　　　　　　　　　　　　　　　　　单位：元

成本项目	第一车间		第二车间		第三车间	
	月初在产品成本	本月发生费用	月初在产品成本	本月发生费用	月初在产品成本	本月发生费用
直接材料	32 400.00	340 000.00	74 000.00	—	62 000.00	—
直接人工	3 200.00	48 000.00	19 000.00	65 000.00	22 000.00	97 000.00
制造费用	800.00	11 000.00	5 000.00	13 000.00	5 100.00	12 000.00
合计	36 400.00	399 000.00	98 000.00	78 000.00	89 100.00	109 000.00

根据以上资料,采用综合逐步结转分步法计算产品成本并进行成本还原,编制产品成本计算单和产品成本还原表。

 任务要求

根据学习情境描述的资料,采用综合逐步结转分步法计算产品成本,任务要求如下。

(1)观察辰星机械公司的概况,分析该公司三个生产步骤的实物结转情况,找出每个步骤完工产品和在产品数量,分析投料情况和在产品完工程度。

(2)按照产品生产步骤开设产品成本明细账和产品成本计算单,登记期初余额。

(3)根据辰星机械公司产量资料、期初余额和本月生产费用耗费情况填制第一车间、第二车间、第三车间产品成本明细账。

(4)根据第一车间生产成本明细账费用合计数,填写第一车间完工产品与在产品成本计算单、记账凭证和第一车间产品成本明细账。

(5)将第一车间完工半成品 A 转出到第二车间,填写第二车间完工产品与在产品成本计算单、记账凭证和第二车间产品成本明细账。

(6)将第二车间完工半成品 B 转出到第三车间,填写第三车间完工产品与在产品成本计算单、记账凭证和第三车间产品成本明细账。

(7)进行 M 产品成本还原,填写成本还原计算表。

 获取信息

逐步结转分步法工作流程如图 4-1-1 和图 4-1-2 所示。

逐步结转分步法实物结转程序

第一步骤	
项目	数量
月初在产	200.00
本月投产	2 000.00
本月完工	1 800.00
月末在产	140.00

第二步骤	
项目	数量
月初在产	200.00
本月投产	1 800.00
本月完工	1 500.00
月末在产	500.00

第三步骤	
项目	数量
月初在产	1 000.00
本月投产	1 500.00
本月完工	1 500.00
月末在产	1 000.00

图 4-1-1

逐步结转分步法半成品成本结转程序(不经过半成品库)

第一步骤成本计算单			
项目	直接材料	加工费用	合计
月初在产品	400.00	200.00	600.00
本月投产	4 800.00	2 200.00	7 000.00
本月完工	4 000.00	2 000.00	6 000.00
月末在产品	1 200.00	400.00	1 600.00

第二步骤成本计算单			
项目	直接材料	加工费用	合计
月初在产品	1 200.00	300.00	1 500.00
本月投产	6 000.00	2 000.00	8 000.00
本月完工	7 000.00	1 800.00	8 800.00
月末在产品	200.00	500.00	700.00

第三步骤成本计算单			
项目	直接材料	加工费用	合计
月初在产品	1 500.00	600.00	2 100.00
本月投产	8 800.00	2 200.00	11 000.00
本月完工	8 700.00	2 000.00	10 700.00
月末在产品	1 600.00	800.00	2 400.00

产品成本计算单			
项目	直接材料	加工费用	合计
总成本	8 700.00	2 000.00	10 700.00
单位成本	87.00	20.00	100.00

图 4-1-2

引导问题1：什么类型的企业适合使用分步法核算成本？

小提示　企业产品的生产需要按照产品品种和每种产品所经过的生产步骤归集生产费用，计算产品成本，一般适用于大量、大批、多步骤生产、管理上要求分步骤计算产品成本的企业。

引导问题2：辰星机械公司的生产分为几个步骤？实物结转是如何进行的？

小提示　辰星机械公司的生产分为三个步骤，产成品M经过三个生产车间顺序加工。第一车间生产的半成品A直接被第二车间领用，第二车间生产的半成品B直接被第三车间领用，并由第三车间加工成产成品M产品。

引导问题3：建立产品成本明细账时，关于明细账表头部分要注意什么？

小提示　左上角需要注明车间名称和产品名称，右上角的需要注明完工产品数量和在产品数量，根据产量资料填写。

引导问题4：登记期初余额的注意事项是什么？

小提示　根据各步骤费用资料表填写第一车间、第二车间、第三车间的月初在产品成本费用，按照直接材料、直接人工和制造费用进行填写。

引导问题5：登记本月发生费用的注意事项是什么？

小提示　根据各步骤费用资料表填写第一车间、第二车间、第三车间的本月发生费用，需要将本月发生的总费用填写到借方，并将总费用分成直接材料、直接人工和制造费用进行填写。

引导问题6：填写完工产品与在产品成本计算单时需要注意什么？

小提示　根据产品成本明细账上汇总的生产费用总和进行分配，注意在使用约当产量法的时候，需要根据直接材料、直接人工和制造费用确定不同的完工程度，计算出约当总产量和单位成本。

引导问题7：如何将第一车间完工产品成本结转到第二车间中？

小提示　将第一车间完工产品的总成本汇总，全部结转到第二车间本月本步骤发生费用的直接材料项目下。

任务实施

步骤1：观察辰星机械公司的概况，讨论该企业生产工艺特点、管理要求，应该选择什么成本计算方法。

步骤2：分析该公司三个生产步骤的实物结转情况，找出每个步骤完工产品和在产品数量，分析投料情况和在产品完工程度。

步骤3：按产品生产步骤开设产品成本明细账，登记期初余额，相关明细账见表4-1-3～表4-1-5。

表 4-1-3

产品成本明细账

车间名称：第一车间 完工产量：1 800

产品名称：A 半成品 在产品数量：400

年		摘要	借方	贷方	方向	余额	（借）方发生额分析		
月	日						直接材料	直接人工	制造费用

表 4-1-4

产品成本明细账

车间名称：第二车间 完工产量：1 500

产品名称：B 半成品 在产品数量：500

年		摘要	借方	贷方	方向	余额	（借）方发生额分析		
月	日						直接材料	直接人工	制造费用

表 4-1-5

产品成本明细账

车间名称：第三车间 完工产量：1 500

产品名称：M 产成品 在产品数量：1 000

年		摘要	借方	贷方	方向	余额	（借）方发生额分析		
月	日						直接材料	直接人工	制造费用

步骤 4：观察辰星机械公司产量资料、本月生产费用耗费情况，填制表 4-1-3。

步骤 5：根据第一车间生产成本明细账费用合计数，填写第一车间完工产品与在产品成本计算单，见表 4-1-6。

表 4-1-6

完工产品与在产品成本计算单

产品名称：A 半成品（第一车间）　　　　　　20××年 9 月　　　　　　金额单位：元

成本项目		直接材料	直接人工	制造费用	合计
生产费用合计					
产品数量	完工产品数量				
	在产品　在产品数量				
	完工程度				
	约当产量				
	约当总产量				
单位成本					
完工产品成本					
月末在产品成本					

步骤 6：根据第一车间完工产品与在产品成本计算单填写图 4-1-3 记账凭证。

记　账　凭　证

年　月　日　　　　　　　　　　　　第（略）号

摘　　要	总账科目	明细科目	借方金额									贷方金额								
			百	十	万	千	百	十	元	角	分	百	十	万	千	百	十	元	角	分
合　　计																				

财务主管：　　　　　记账：　　　　　审核：　　　　　制单：

附单据张

图　4-1-3

步骤 7：根据记账凭证填写表 4-1-3 第一车间产品成本明细账。

步骤 8：将第一车间完工半成品 A 转出到第二车间，填写表 4-1-4 第二车间产品成本明细账。

步骤 9：根据第二车间产品成本明细账费用合计数，填写第二车间完工产品与在产品成本计算单，见表 4-1-7。

表 4-1-7

完工产品与在产品成本计算单

产品名称：B半成品(第二车间)　　　　　　　20××年9月　　　　　　　金额单位：元

成本项目			直接材料	直接人工	制造费用	合计
生产费用合计						
产品数量	完工产品数量					
	在产品	在产品数量				
		完工程度				
		约当产量				
	约当总产量					
单位成本						
完工产品成本						
月末在产品成本						

步骤 10：根据第二车间完工产品与在产品成本计算单填写图 4-1-4 记账凭证。

记 账 凭 证

年 月 日　　　　　　　　　　　　　第(略)号

摘 要	总账科目	明细科目	借方金额									贷方金额									
			百	十	万	千	百	十	元	角	分	百	十	万	千	百	十	元	角	分
合　　计																					

附单据　张

财务主管：　　　　　记账：　　　　　审核：　　　　　制单：

图 4-1-4

步骤 11：根据记账凭证登记表 4-1-4 第二车间产品成本明细账。

步骤 12：将第二车间完工半成品 B 结转到第三车间,根据记账凭证登记表 4-1-5 第三车间产品成本明细账。

步骤 13：根据第三车间生产成本明细账费用合计数,填写第三车间完工产品与在产品成本计算单,见表 4-1-8。

步骤 14：根据第三车间完工产品与在产品成本计算单完成图 4-1-5 记账凭证。

步骤 15：根据第三车间记账凭证登记表 4-1-5 产品成本明细账。

步骤 16：进行 M 产品成本还原,填写成本还原计算表,见表 4-1-9。

表 4-1-8

完工产品与在产品成本计算单

产品名称：M 产成品（第三车间）　　　　　20××年 9 月　　　　　金额单位：元

成本项目			直接材料	直接人工	制造费用	合计
生产费用合计						
产品数量	完工产品数量					
	在产品	在产品数量				
		完工程度				
		约当产量				
	约当总产量					
单位成本						
完工产品成本						
月末在产品成本						

记 账 凭 证

年　月　日　　　　　　　　　　　　第（略）号

摘　要	总账科目	明细科目	借方金额									贷方金额									
			百	十	万	千	百	十	元	角	分	百	十	万	千	百	十	元	角	分
合　计																					

附单据　张

财务主管：　　　　　记账：　　　　　审核：　　　　　制单：

图 4-1-5

表 4-1-9

成本还原计算表

产品名称：M 产品　　　　　20××年 9 月　　　　　金额单位：元

成本项目	还原前总成本	第二步半成品成本	还原额及还原率	第一步半成品成本	还原额及还原率	还原后总成本
栏目	1	2	3	4	5	6
还原分配率						
直接材料（半成品）						
直接人工						
制造费用						
合计						

任务评价

使用表 4-1-10 进行任务评价。

表 4-1-10

综合逐步结转分步法的应用任务评价表

班级		姓名			学号	
项目 4 任务 4.1			综合逐步结转分步法的应用			
评价项目	评价标准		分值	自评	互评	师评	总评
企业情况分析	选择方法准确,分配步骤准确		5				
填写期初余额	数据准确		5				
计算第一车间成本	成本计算单、记账凭证、明细账正确		20				
计算第二车间成本	成本计算单、记账凭证、明细账正确		20				
计算第三车间成本	成本计算单、记账凭证、明细账正确		20				
工作态度	严谨认真、无缺勤、无迟到早退		10				
工作质量	按计划完成工作任务		10				
职业素质	遵纪守法、诚实守信、团队合作		10				
合 计			100				

知识链接

知识点 1：分步法的含义和适用范围

产品成本计算的分步法是按照产品品种和每种产品所经过的生产步骤归集生产费用、计算产品成本的一种方法。

分步法适用于大量、大批的生产,在管理上要求分步骤核算产品成本的多步骤生产企业,如冶金企业、纺织企业、造纸企业以及大量、大批生产的机械制造企业等。在这些生产企业中,产品生产可以分为若干个生产步骤进行。例如,钢铁企业可分为炼钢、轧钢等步骤;纺织企业可以分为纺纱、织布等步骤;造纸企业可以分为制浆、制纸、包装等步骤;机械制造企业可以分为铸造、加工、装配等步骤。在具体的生产过程当中,从原材料的投入到产品的制造完成,除最后一个步骤外,其他各个步骤所生产完成的都是半成品。为了适应这些生产企业的生产特点和成本管理要求,不仅需要按照产品品种核算成本,还需要按照生产步骤核算成本。

知识点 2：分步法的特点

（1）以生产步骤作为成本核算对象

分步法的成本核算对象是产品的生产步骤。产品成本明细账按生产步骤和产品品种设立。在大量、大批、多步骤生产的企业中,每经过一个加工步骤产出的半成品,由于形态和性质可能不同,计量单位也可能不尽相同,因此成本核算必须按各步骤的各种产品进行。

（2）每月末进行成本核算

分步法一般应用在大量、大批、分步骤生产的企业中,由于这类企业的产品生产过程长,可以间断，而且往往跨月陆续完工，因此，产品成本核算按月进行，产品成本期与生产周期不一致，而与会计报告期一致。

（3）月末需要进行完工产品与月末在产品的费用划分

在多步骤生产企业中，产品的生产周期较长，各步骤在产品的数量较多。因此，采用分步法计算产品成本时，各生产步骤明细账户按本步骤生产的半成品（产成品）归集的生产费用，要采用适当的分配方法在完工产品和月末在产品之间进行分配。

知识点 3：分步法的种类

多步骤生产产品的企业对产品生产步骤的划分方式和对各生产步骤进行成本管理的要求各有不同。从满足企业对成本管理的要求与简化成本计算工作两个角度考虑，各生产步骤成本的计算和结转可分为逐步结转法和平行结转法。因此，产品成本计算的分步法被分为逐步结转分步法和平行结转分步法。

逐步结转分步法是对各个生产步骤逐步计算并结转半成品成本，直到最后生产步骤计算出完工产品成本的方法。计算各生产步骤的半成品成本是这种方法的显著特征。因此，逐步结转分步法也称作计算半成品成本的分步法。逐步结转分步法是在管理上要求提供各生产步骤半成品成本资料的情况下采用的。前一生产步骤完工的半成品转入下一生产步骤继续加工时，半成品成本同时转入下一生产步骤成本明细账，直至最后生产步骤产出完工产品，并最终计算出完工产品成本。

逐步结转分步法的含义、特点及核算程序

平行结转分步法是对各生产步骤应计入相同完工产品成本的份额平行汇总，计算出完工产品成本的方法。平行结转分步法只计算最终完工产品的成本，不计算各生产步骤的半成品成本，因此，平行结转分步法也称作不计算半成品成本的分步法。平行结转分步法是在管理上不要求提供各生产步骤半成品资料的情况下采用的。平时各生产步骤成本明细账都按步骤归集本步骤发生的原材料费用和加工费用，前一生产步骤完工的半成品转入下一生产步骤继续加工时，只转移半成品实物，不转移半成品成本。到月末再采用一定的分配方法，计算每一生产步骤应计入完工产品成本的"份额"，并汇总计算求得完工产品成本。

知识点 4：综合逐步结转分步法的特点

综合逐步结转分步法的特点是将各生产步骤所耗用的上一步骤的半成品成本，以其合计数综合计入下一步骤的产品成本计算单中的"半成品"或"直接材料"成本项目中，为了了解产品的项目构成，还需要对产品成本进行还原。

知识点 5：成本还原

成本还原就是恢复产品成本结构的本来面目，把各步骤耗用的半成品成本逐步分解还原为直接材料、直接人工、制造费用等。成本还原的方法通常是从最后一个生产步骤开始，将其所耗用的上一生产步骤自制半成品的综合成本，按本月所生产这种半成品的成本结构比例逐步进行还原，直至还原到第一个生产步骤，使产成品成本中的半成品成本还原至原始成本项目为止。

成本还原

任务 4.2　分项逐步结转分步法的应用

 任务目标

知识目标：

了解分项逐步结转分步法的含义、适用范围及特点,掌握分项逐步结转分步法的成本核算程序。

技能目标：

能根据分项逐步结转分步法的特点与核算程序,完成企业成本核算工作。

素养目标：

- 遵守国家法律、法规和统一的会计准则,树立成本核算工作的细致与系统性观念。
- 培养严密的逻辑思维能力和强大的数据处理能力。

 学习情境

辰星机械公司20××年9月生产M产品,经过三个生产车间顺序加工。第一车间生产的半成品A直接被第二车间领用,第二车间生产的半成品B直接被第三车间领用,并由第三车间将其加工成产成品M产品。M产品的原材料在第一车间生产开始时一次投入,各车间月末在产品的完工程度均为50%。分析辰星机械公司原始资料,完成期初建账工作,在产品按约当产量法计算,有关产量、成本计算资料如表4-2-1和表4-2-2所示。

表　4-2-1

产量资料

20××年9月　　　　　　　　　　　　　　　　　　单位：件

项　　目	第一车间	第二车间	第三车间
月初在产品	200	200	1 000
本月投产(或上步骤转入)	2 000	1 800	1 500
本月产成品	1 800	1 500	1 500
月末在产品	400	500	1 000
在产品完工程度	50%	50%	50%

表　4-2-2

各步骤费用资料

20××年9月　　　　　　　　　　　　　　　　　　单位：元

成本项目	第一车间 月初在产品成本	第一车间 本月发生费用	第二车间 月初在产品成本	第二车间 本月发生费用	第三车间 月初在产品成本	第三车间 本月发生费用
直接材料	32 400.00	340 000.00	74 000.00	—	62 000.00	—
直接人工	3 200.00	48 000.00	19 000.00	65 000.00	22 000.00	97 000.00
制造费用	800.00	11 000.00	5 000.00	13 000.00	5 100.00	12 000.00
合计	36 400.00	399 000.00	98 000.00	78 000.00	89 100.00	109 000.00

根据以上资料,采用分项逐步结转分步法计算产品成本并进行成本还原,编制产品成本计算单和产品成本还原表。

 任务要求

根据学习情境描述的资料,采用分项逐步结转分步法计算产品成本,任务要求如下。

(1)观察辰星机械公司的概况,根据分项逐步结转分步法分析该公司三个生产步骤的实物结转情况。

(2)观察辰星机械公司的情况,找出每个步骤完工产品和在产品数量,分析投料情况和在产品完工程度。

(3)根据辰星机械公司的情况,设置三个车间的产品成本计算单,见表4-2-3～表4-2-5。

(4)根据辰星机械公司各步骤费用资料填写表4-2-3～表4-2-5中的月初在产品成本和本月生产费用。

(5)根据辰星机械公司产量资料和各步骤费用资料填写第一车间产品成本计算单。

(6)将辰星机械公司第一车间产品成本计算单中的数据结转到第二车间的产品成本计算单中,并进行计算。

(7)将辰星机械公司第二车间产品成本计算单中的数据结转到第三车间的产品成本计算单中,并进行计算。

(8)根据辰星机械公司第一车间产品成本计算单、第二车间产品成本计算单和第三车间产品成本计算单中的数据,填写第一车间、第二车间和第三车间的结转记账凭证。

(9)根据辰星机械公司第一车间、第二车间和第三车间产品成本计算单和结转记账凭证中的数据,填写第一车间、第二车间和第三车间的产品成本明细账。

 获取信息

引导问题1:辰星机械公司使用分项逐步结转分步法时需要设置几张产品成本计算单?表头部分如何填写?

小提示 辰星机械公司需要设置三张产品成本计算单,分别针对第一车间A半成品、第二车间B半成品、第三车间M产成品,表头部分需要填写生产车间、产品名称、日期和产量。

引导问题2:辰星机械公司的生产分为几个步骤?每个步骤之间的成本是如何结转到下一步骤的?

小提示 辰星机械公司的生产分为三个步骤,产成品M经过三个生产车间顺序加工。第一车间生产的半成品A直接被第二车间领用,第二车间生产的半成品B直接被第三车间领用,并由第三车间将其加工成产成品M产品。上一个步骤的完工产品成本按照直接材料、直接人工、制造费用分别结转到下一个步骤的直接材料、直接人工、制造费用中。

引导问题3:辰星机械公司的产品成本计算单是如何设置的?为什么要这样设置?

小提示 辰星机械公司的产品成本计算单按照成本项目直接材料、直接人工、制造费用进行设置,分别核算总成本和单位成本,方便计算单个产品中各个项目所占比重。

任务实施

步骤 1:观察辰星机械公司的概况,根据分项逐步结转分步法分析该公司三个生产步骤的实物结转情况。

步骤 2:观察辰星机械公司的情况,找出每个步骤完工产品和在产品数量,分析投料情况和在产品完工程度。

步骤 3:根据辰星机械公司的情况,设置三个车间的产品成本计算单,见表 4-2-3～表 4-2-5。

表 4-2-3

产品成本计算单

产品名称:A 半成品 金额单位:元

生产车间:第一车间　　　　　　　　　　20××年 9 月　　　　　　　　　产量:1 800 件

成本项目	直接材料	直接人工	制造费用	合计
月初在产品成本				
本月生产费用				
生产费用合计				
完工产品数量				
月末在产品数量				
投料率/完工程度				
月末在产品约当产量				
约当总产量				
费用分配率				
完工产品成本				
月末在产品成本				

表 4-2-4

产品成本计算单

产品名称:B 半成品 金额单位:元

生产车间:第二车间　　　　　　　　　　20××年 9 月　　　　　　　　　产量:1 500 件

成本项目	直接材料	直接人工	制造费用	合计
月初在产品成本				
本月生产费用				
生产费用合计				
完工产品数量				
月末在产品数量				
投料率/完工程度				

续表

成本项目	直接材料	直接人工	制造费用	合计
月末在产品约当产量				
约当总产量				
费用分配率				
完工产品成本				
月末在产品成本				

表 4-2-5

产品成本计算单

产品名称：M产成品　　　　　　　　　　　　　　　　　　　金额单位：元
生产车间：第三车间　　　　　　　20××年9月　　　　　　产量：1 500件

成本项目	直接材料	直接人工	制造费用	合计
月初在产品成本				
本月生产费用				
生产费用合计				
完工产品数量				
月末在产品数量				
投料率/完工程度				
月末在产品约当产量				
约当总产量				
费用分配率				
完工产品成本				
月末在产品成本				

步骤4：根据辰星机械公司各步骤费用资料填写表 4-2-3～表 4-2-5 中的月初在产品成本和本月生产费用。

步骤5：根据辰星机械公司产量资料和各步骤费用资料填写表 4-2-6。

表 4-2-6

产品成本计算单

产品名称：A半成品　　　　　　　　　　　　　　　　　　　金额单位：元
生产车间：第一车间　　　　　　　20××年9月　　　　　　产量：1 800件

成本项目	直接材料	直接人工	制造费用	合计
月初在产品成本				
本月生产费用				
生产费用合计				
完工产品数量				
月末在产品数量				
投料率/完工程度				
月末在产品约当产量				

成本项目	直接材料	直接人工	制造费用	合计
约当总产量				
费用分配率				
完工产品成本				
月末在产品成本				

步骤6：将辰星机械公司第一车间产品成本计算单中的数据结转到表4-2-7第二车间的产品成本计算单中，并进行计算。

表　4-2-7

产品成本计算单

产品名称：B半成品　　　　　　　　　　　　　　　　　　　　金额单位：元

生产车间：第二车间　　　　　　　　20××年9月　　　　　　产量：1 500件

成本项目	直接材料	直接人工	制造费用	合计
月初在产品成本				
本月本步骤发生费用				
耗用上步骤半成品成本				
生产费用合计				
完工产品数量				
月末在产品数量				
投料率/完工程度				
月末在产品约当产量				
约当总产量				
费用分配率				
完工产品成本				
月末在产品成本				

步骤7：将辰星机械公司第二车间产品成本计算单中的数据结转到表4-2-8第三车间的产品成本计算单中，并进行计算。

表　4-2-8

产品成本计算单

产品名称：M产成品　　　　　　　　　　　　　　　　　　　　金额单位：元

生产车间：第三车间　　　　　　　　20××年9月　　　　　　产量：1 500件

成本项目	直接材料	直接人工	制造费用	合计
月初在产品成本				
本月本步骤发生费用				
耗用上步骤半成品成本				
生产费用合计				
完工产品数量				

续表

成本项目	直接材料	直接人工	制造费用	合 计
月末在产品数量				
投料率/完工程度				
月末在产品约当产量				
约当总产量				
费用分配率				
完工产品成本				
月末在产品成本				

步骤8：根据辰星机械公司第一车间产品成本计算单、第二车间产品成本计算单和第三车间产品成本计算单中的数据，填写第一车间、第二车间和第三车间的结转记账凭证，如图 4-2-1～图 4-2-3 所示。

记 账 凭 证
年 月 日 第(略)号

摘 要	总账科目	明细科目	借方金额									贷方金额									
			百	十	万	千	百	十	元	角	分	百	十	万	千	百	十	元	角	分
合 计																				

附单据 张

财务主管： 记账： 审核： 制单：

图 4-2-1

记 账 凭 证
年 月 日 第(略)号

摘 要	总账科目	明细科目	借方金额									贷方金额									
			百	十	万	千	百	十	元	角	分	百	十	万	千	百	十	元	角	分
合 计																				

附单据 张

财务主管： 记账： 审核： 制单：

图 4-2-2

记 账 凭 证

年 月 日 第（略）号

摘　　要	总账科目	明细科目	借方金额										贷方金额										
			百	十	万	千	百	十	元	角	分	百	十	万	千	百	十	元	角	分	
																					附单据 张
合　　计																					

财务主管： 记账： 审核： 制单：

图 4-2-3

步骤9： 根据辰星机械公司第一车间、第二车间和第三车间产品成本计算单和结转记账凭证中的数据，填写第一车间、第二车间和第三车间的产品成本明细账，如表4-2-9～表4-2-11所示。

表 4-2-9

产品成本明细账

车间名称：第一车间　　　　　　　　　　　　　　　　　　　　　　完工产量：1 800

产品名称：A半成品　　　　　　　　　　　　　　　　　　　　　　在产品数量：400

20××年		摘要	借方	贷方	方向	余额	借方发生额分析		
月	日						直接材料	直接人工	制造费用
9	1	月初在产品成本							
	30	本月本步骤发生费用							
	30	生产费用合计							
	30	转出完工产品成本							
	30	月末在产品成本							

表 4-2-10

产品成本明细账

车间名称：第二车间　　　　　　　　　　　　　　　　　　　　　　完工产量：1 500

产品名称：B半成品　　　　　　　　　　　　　　　　　　　　　　在产品数量：500

20××年		摘要	借方	贷方	方向	余额	借方发生额分析		
月	日						直接材料	直接人工	制造费用
9	1	月初在产品成本							
	30	本月本步骤发生费用							
	30	耗用上步骤半成品成本							
	30	生产费用合计							
	30	转出完工产品成本							
	30	月末在产品成本							

表 4-2-11

产品成本明细账

车间名称：第三车间 完工产量：1 500

产品名称：M 产成品 在产品数量：1 000

20××年		摘要	借方	贷方	方向	余额	借方发生额分析		
月	日						直接材料	直接人工	制造费用
9	1	月初在产品成本							
	30	本月本步骤发生费用							
	30	耗用上步骤半成品成本							
	30	生产费用合计							
	30	转出完工产品成本							
	30	月末在产品成本							

 任务评价

使用表 4-2-12 进行任务评价。

表 4-2-12

分项逐步结转分步法的应用任务评价表

班级		姓名				学号	
项目 4 任务 4.2			分项逐步结转分步法的应用				
评价项目	评价标准		分值	自评	互评	师评	总评
企业情况分析	选择方法准确，分配步骤准确		5				
填写期初余额	数据准确		5				
计算第一车间成本	成本计算单、记账凭证、明细账正确		20				
计算第二车间成本	成本计算单、记账凭证、明细账正确		20				
计算第三车间成本	成本计算单、记账凭证、明细账正确		20				
工作态度	严谨认真、无缺勤、无迟到早退		10				
工作质量	按计划完成工作任务		10				
职业素质	遵纪守法、诚实守信、团队合作		10				
合　　计			100				

 知识链接

知识点 1：分项逐步结转分步法的含义

分项逐步结转分步法是将各步骤所耗上一步骤半成品成本，按照成本项目分项转入各该步骤基本生产成本明细账的各个成本项目。如果半成品通过半成品仓库收发，在自制半成品明细账中登记半成品成本时,也要按照成本项目分别予以登记。

知识点2：分项逐步结转分步法的优点和缺点

（1）分项逐步结转分步法的优点

采用分项逐步结转分步法结转半成品的优点是可以直接、正确地提供按原始成本项目反映的企业产品成本资料,便于从整个企业的角度考核和分析成本计划执行情况,不需要进行成本还原。

（2）分项逐步结转分步法的缺点

采用分项逐步结转分步法结转半成品成本的缺点:第一,成本结转工作比较复杂,特别是半成品通过半成品库收发,自制半成品明细账的登记工作会更复杂;第二,在各生产步骤完工产品成本中看不出所耗费的上一步骤的半成品费用和本步骤的加工费用是多少,不便于进行各步骤完工产品的成本分析。因此,这种方法适合于管理上不要求核算各步骤完工产品所耗半成品成本和本步骤加工费用,而要求提供以原始成本项目反映产品成本资料的企业。

知识点3：综合逐步结转分步法与分项逐步结转分步法的区别与联系

综合逐步结转分步法与分项逐步结转分步法是逐步结转分步法的两种方式,两者的共同点是半成品成本都是随着半成品实物的转移而结转的,各生产步骤基本生产成本明细账的月末余额,反映各生产步骤月末在产品的成本,有利于加强在产品的实物管理和生产资金管理。两者的不同点是半成品成本在下一生产步骤成本计算单中的反映形式不同,前者是综合反映,后者是分项反映。

采用综合逐步结转分步法可以反映各生产步骤耗用原材料、自制半成品和加工费用的水平及自制半成品和完工产品的成本,有利于各个生产步骤成本的管理、控制、分析和考核,便于分清各自的生产经营效果和责任。为了反映产品成本的原始构成,从整体上加强企业的成本管理工作,需要进行成本还原,从而增加了成本计算的工作量。当然,随着会计电算化在我国企业中的广泛应用,这一局限可以得到缓解。这种方法适用于管理上要求反映各生产步骤完工半成品成本的企业。

采用分项结转法可以直接反映完工产品各成本项目的原始结构,便于从整个企业角度考核与分析成本计划的执行情况,不需要成本还原,计算工作较为简便。但是这种方法的成本结转工作较为复杂,而且在各生产步骤完工产品成本中反映不出所耗费的上一生产步骤半成品的费用和本步骤加工费用的水平,不便于对完工产品成本进行综合分析。这种方法适用于管理上不要求分别反映各生产步骤完工产品所耗费的半成品费用,而要求按照原始成本项目计算产品成本的企业。

知识点4：逐步结转分步法的优点和缺点

逐步结转分步法是采用分步法核算产品成本的基本方法,其优点可以概括如下。

第一,逐步结转分步法的成本核算步骤符合产品价值形成和资金耗费的客观过程,其原理容易理解和掌握。

第二,逐步结转分步法能够提供各个步骤半成品的成本资料,便于分析和考核企业产品成本计划和各个步骤半成品成本计划的执行情况。

第三,采用逐步结转分步法,半成品成本是随实物的转移而结转的,各步骤产品生产成本明细账中的月末在产品成本，反映留存于各步骤在产品的成本，有利于在产品的实物管理和生产资金（在产品成本）的日常管理。

第四，逐步结转分步法能够全面地反映各步骤所耗费的上一步骤半成品费用和本步骤所发生的加工费用水平，有利于加强各步骤的成本管理。

但是，逐步结转分步法下各生产步骤半成品成本要逐步结转，核算工作量大；采用综合逐步结转分步法结转半成品成本，需要进行成本还原；采用分项逐步结转分步法结转半成品成本，各步骤成本结转工作又比较复杂，核算工作量大。所以，逐步结转分步法适用于半成品的种类不多、逐步结转半成品成本的工作量不大的情况，也可用于半成品种类较多，但管理上要求提供各个生产步骤半成品成本数据的情况。

任务 4.3　平行结转分步法的应用

任务目标

知识目标：
了解平行结转分步法的含义、适用范围及特点，掌握平行结转分步法的成本核算程序。

技能目标：
能根据平行结转分步法的特点与核算程序，完成企业成本核算工作。

素养目标：
- 遵守国家法律、法规和统一的会计准则，树立成本核算工作的细致与系统性观念。
- 具备团队精神，互相帮助完成学习任务。

学习情境

辰星机械公司20××年9月生产M产品，连续经过三个生产步骤进行加工。原材料在第一个生产步骤一次性投入。各生产步骤的半成品，直接为下一个生产步骤耗用，不经过半成品库。第三步骤单位在产品和产成品耗用第二步骤半成品1件；第二步骤单位在产品和半成品耗用第一步骤半成品1件。月末在产品成本按约当产量法计算，相关资料如表4-3-1和表4-3-2所示。

表　4-3-1

产品产量资料

20××年9月

单位：件

项　　目	第一车间	第二车间	第三车间
月初在产品数量	400	200	400
本月投产数量	500	600	300
本月完工产品数量	600	300	500
月末在产品数量	300	500	200
在产品完工程度	50%	50%	50%

表　4-3-2

各步骤费用资料

20××年9月　　　　　　　　　　　　　　　　　单位：元

成本项目	第一车间		第二车间		第三车间	
	月初在产品成本	本月发生费用	月初在产品成本	本月发生费用	月初在产品成本	本月发生费用
直接材料	32 400.00	340 000.00	—	—	—	—
直接人工	3 200.00	48 000.00	19 000.00	65 000.00	22 000.00	97 000.00
制造费用	800.00	11 000.00	5 000.00	13 000.00	5 100.00	12 000.00
合计	36 400.00	399 000.00	24 000.00	78 000.00	27 100.00	109 000.00

根据以上资料,采用平行结转分步法计算产品成本并编制产品成本计算单。

 任务要求

根据学习情境描述的资料,采用平行结转分步法计算产品成本,任务要求如下。

(1) 根据辰星机械公司的概况、生产工艺特点以及管理要求,选择合适的成本计算方法。

(2) 根据辰星机械公司三个生产步骤的实物结转情况,找出完工产品和广义在产品数量,分析投料情况和广义在产品完工程度。

(3) 按产品生产步骤开设产品成本计算单和产品成本明细账,并登记期初余额。

(4) 根据辰星机械公司的产量资料,填写约当产量计算表。

(5) 根据辰星机械公司本月生产费用耗费表,填制三个车间生产成本明细账的本期发生额、费用合计数。

(6) 根据辰星机械公司生产成本明细账、约当产量计算表,填制产品成本计算表。

(7) 根据辰星机械公司产品成本计算表填写记账凭证。

(8) 根据辰星机械公司的记账凭证登记明细账。

(9) 编制辰星机械公司的产品成本计算单。

 获取信息

平行结转分步法工作流程如图 4-3-1 所示。

第一步骤成本计算单	
期初在产品成本	8 000.00
本期生产费用	22 000.00
生产费用合计	30 000.00
应计入完工产品成本的份额	广义在产品成本
20 000.00	10 000.00

第二步骤成本计算单	
期初在产品成本	6 000.00
本期生产费用	20 000.00
生产费用合计	26 000.00
应计入完工产品成本的份额	广义在产品成本
16 000.00	10 000.00

第三步骤成本计算单	
期初在产品成本	9 000.00
本期生产费用	26 000.00
生产费用合计	35 000.00
应计入完工产品成本的份额	广义在产品成本
23 000.00	12 000.00

第一步骤转入20 000.00	第二步骤转入16 000.00	第三步骤转入23 000.00
完工产品总成本59 000.00		

图　4-3-1

引导问题1：根据辰星机械公司的情况，讨论该公司生产工艺特点、管理要求适合选择什么成本计算方法？

> **小提示**　企业各步骤生产半成品的种类很多，但一般只供本企业生产产品使用，不对外出售或很少对外出售，管理上也不要求提供各步骤半成品的成本信息的多步骤装配式生产的企业，适用于平行结转分步法。

引导问题2：根据辰星机械公司的情况，期初建账需要注意什么问题？

> **小提示**　期初建账需要按照辰星机械公司的生产步骤设置明细账，需要在明细账上写明车间、产品名称；在设置的明细账上需要注明完工产品数量和在产品数量；在明细账上需要注明期初数据、日期、摘要、方向。

引导问题3：观察逐步结转分步法和平行结转分步法的流程图有什么不同？

> **小提示**　逐步结转分步法三步骤按顺序计算，上一步骤完工半产品的总成本结转到下一步骤直接材料当中，按顺序进行，需计算半成品成本。平行结转分步法三步骤同时计算，平行计入，不分先后次序，不计算半成品成本。

引导问题4：采用平行结转分步法如何计算约当产量？

> **小提示**　平行结转分步法的约当产量包括两部分：最终产成品的数量和广义在产品数量，其中广义在产品数量不仅包括本步骤月末在产品数量，也包括下面几个步骤的月末在产品数量。

任务实施

步骤1：根据辰星机械公司的概况、生产工艺特点以及管理要求，选择合适的成本计算方法。

步骤2：根据辰星机械公司三个生产步骤的实物结转情况，找出完工产品和广义在产品数量，分析投料情况和广义在产品完工程度。

步骤3：按产品生产步骤开设产品成本计算单和生产成本明细账，如表4-3-3～表4-3-8所示，登记期初余额。

表　4-3-3

产品成本计算单

生产步骤：第一步骤　　　　　　　　20××年9月　　　　　　　　完工产量：500件

成本项目	直接材料	直接人工	制造费用	合计
月初在产品成本				
本月生产费用				
生产费用合计				

成本项目	直接材料	直接人工	制造费用	合计
完工产品数量				
以后各步骤期末在产品数量				
本步骤期末在产品数量				
投料率/完工程度				
月末在产品约当产量				
约当总产量				
费用分配率				
单位产成品耗用本步骤份额比				
计入完工产品成本份额				
月末在产品成本				

表 4-3-4

产品成本计算单

生产步骤：第二步骤　　　　　　　　　20××年9月　　　　　　　　　完工产量：500件

成本项目	直接材料	直接人工	制造费用	合计
月初在产品成本				
本月生产费用				
生产费用合计				
完工产品数量				
以后各步骤期末在产品数量				
本步骤期末在产品数量				
投料率/完工程度				
月末在产品约当产量				
约当总产量				
费用分配率				
单位产成品耗用本步骤份额比				
计入完工产品成本份额				
月末在产品成本				

表 4-3-5

产品成本计算单

生产步骤：第三步骤　　　　　　　　　20××年9月　　　　　　　　　完工产量：500件

成本项目	直接材料	直接人工	制造费用	合计
月初在产品成本				
本月生产费用				

成本项目	直接材料	直接人工	制造费用	合计
生产费用合计				
完工产品数量				
以后各步骤期末在产品数量				
本步骤期末在产品数量				
投料率/完工程度				
月末在产品约当产量				
约当总产量				
费用分配率				
单位产成品耗用本步骤份额比				
计入完工产品成本份额				
月末在产品成本				

表 4-3-6

生产成本明细账

车间名称：第一车间　　　　　　　　　　　　　　　　　　　　完工产量：500
生产步骤：第一步骤　　　　　　　　　　　　　　　　　　　　在产品数量：300

20××年		摘要	直接材料	直接人工	制造费用	合计
月	日					

表 4-3-7

生产成本明细账

车间名称：第二车间　　　　　　　　　　　　　　　　　　　　完工产量：500
生产步骤：第二步骤　　　　　　　　　　　　　　　　　　　　在产品数量：500

20××年		摘要	直接材料	直接人工	制造费用	合计
月	日					

表 4-3-8

生产成本明细账

车间名称：第三车间 完工产量：500

生产步骤：第三步骤 在产品数量：200

20××年		摘要	直接材料	直接人工	制造费用	合计
月	日					

步骤4：根据辰星机械公司的产量资料，填写约当产量计算表，见表4-3-9。

表 4-3-9

约当产量计算表

20××年9月 单位：件

项目	第一车间		第二车间		第三车间	
	投料约当产量	加工约当产量	投料约当产量	加工约当产量	投料约当产量	加工约当产量
产成品耗用本步骤半成品数量						
以后步骤广义在产品耗用本步骤半成品数量						
本步骤狭义在产品数量						
完工程度						
本步骤狭义在产品约当产量						
约当总产量						

步骤5：根据辰星机械公司本月生产费用耗费表，在表4-3-6～表4-3-8中填写三个车间生产成本明细账的本期发生额、费用合计数。

步骤6：根据辰星机械公司生产成本明细账、约当产量计算表，填制产品成本计算单，见表4-3-10～表4-3-12。

表 4-3-10

产品成本计算单

生产步骤：第一步骤 20××年9月 完工产量：500件

成本项目	直接材料	直接人工	制造费用	合计
月初在产品成本				
本月生产费用				
生产费用合计				
完工产品数量				
以后各步骤期末在产品数量				

成本项目	直接材料	直接人工	制造费用	合计
本步骤期末在产品数量				
投料率/完工程度				
月末在产品约当产量				
约当总产量				
费用分配率				
单位产成品耗用本步骤份额比				
计入完工产品成本份额				
月末在产品成本				

表 4-3-11

产品成本计算单

生产步骤：第二步骤 　　　　　20××年9月 　　　　　完工产量：500 件

成本项目	直接材料	直接人工	制造费用	合计
月初在产品成本				
本月生产费用				
生产费用合计				
完工产品数量				
以后各步骤期末在产品数量				
本步骤期末在产品数量				
投料率/完工程度				
月末在产品约当产量				
约当总产量				
费用分配率				
单位产成品耗用本步骤份额比				
计入完工产品成本份额				
月末在产品成本				

表 4-3-12

产品成本计算单

生产步骤：第三步骤 　　　　　20××年9月 　　　　　完工产量：500 件

成本项目	直接材料	直接人工	制造费用	合计
月初在产品成本				
本月生产费用				
生产费用合计				
完工产品数量				
以后各步骤期末在产品数量				
本步骤期末在产品数量				
投料率/完工程度				

续表

成本项目	直接材料	直接人工	制造费用	合计
月末在产品约当产量				
约当总产量				
费用分配率				
单位产成品耗用本步骤份额比				
计入完工产品成本份额				
月末在产品成本				

步骤 7：根据辰星机械公司产品成本计算表填写图 4-3-2～图 4-3-5 记账凭证。

记 账 凭 证

年 月 日 第(略)号

摘 要	总账科目	明细科目	借方金额									贷方金额								
			百	十	万	千	百	十	元	角	分	百	十	万	千	百	十	元	角	分
合 计																				

财务主管： 记账： 审核： 制单：

图 4-3-2

记 账 凭 证

年 月 日 第(略)号

摘 要	总账科目	明细科目	借方金额									贷方金额								
			百	十	万	千	百	十	元	角	分	百	十	万	千	百	十	元	角	分
合 计																				

财务主管： 记账： 审核： 制单：

图 4-3-3

记 账 凭 证

年　月　日

第（略）号

摘　要	总账科目	明细科目	借方金额									贷方金额								
			百	十	万	千	百	十	元	角	分	百	十	万	千	百	十	元	角	分
合　计																				

附单据　张

财务主管：　　　　　记账：　　　　　审核：　　　　　制单：

图　4-3-4

记 账 凭 证

年　月　日

第（略）号

摘　要	总账科目	明细科目	借方金额									贷方金额								
			百	十	万	千	百	十	元	角	分	百	十	万	千	百	十	元	角	分
合　计																				

附单据　张

财务主管：　　　　　记账：　　　　　审核：　　　　　制单：

图　4-3-5

步骤 8：根据辰星机械公司的记账凭证登记明细账，见表 4-3-13～表 4-3-15。

表　4-3-13

生产成本明细账

车间名称：第一车间　　　　　　　　　　　　　　　　　　完工产量：500

生产步骤：第一步骤　　　　　　　　　　　　　　　　　　在产品数量：300

20××年		摘要	直接材料	直接人工	制造费用	合计
月	日					

表　4-3-14

生产成本明细账

车间名称：第二车间　　　　　　　　　　　　　　　　　　完工产量：500
生产步骤：第二步骤　　　　　　　　　　　　　　　　　　在产品数量：500

20××年		摘要	直接材料	直接人工	制造费用	合计
月	日					

表　4-3-15

生产成本明细账

车间名称：第三车间　　　　　　　　　　　　　　　　　　完工产量：500
生产步骤：第三步骤　　　　　　　　　　　　　　　　　　在产品数量：200

20××年		摘要	直接材料	直接人工	制造费用	合计
月	日					

步骤 9：编制辰星机械公司的产品成本计算单，见表 4-3-16。

表　4-3-16

产品成本计算单

产品名称：M 产品　　　　　　　20××年 9 月　　　　　　完工产量：500 件

成本项目	直接材料	直接人工	制造费用	合计
第一步骤转入份额				
第二步骤转入份额				
第三步骤转入份额				
总成本				
单位成本				

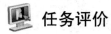 **任务评价**

使用表 4-3-17 进行任务评价。

表 4-3-17

平行结转分步法的应用任务评价表

班级		姓名				学号	
项目4 任务 4.3			平行结转分步法的应用				
评价项目		评价标准	分值	自评	互评	师评	总评
企业情况分析		选择方法准确,分配步骤准确	5				
填写期初余额		数据准确	5				
计算第一车间成本		成本计算单、记账凭证、明细账正确	20				
计算第二车间成本		成本计算单、记账凭证、明细账正确	20				
计算第三车间成本		成本计算单、记账凭证、明细账正确	20				
工作态度		严谨认真、无缺勤、无迟到早退	10				
工作质量		按计划完成工作任务	10				
职业素质		遵纪守法、诚实守信、团队合作	10				
合　　计			100				

 知识链接

知识点 1：平行结转分步法的含义

平行结转分步法是指在核算各步骤成本时,不核算各步骤所产半成品的成本,也不核算各步骤所耗上一步骤半成品的成本,只核算本步骤发生的各项生产成本,以及这些成本中应计入产成品的份额。将相同产品各步骤成本明细账中的这些份额平行结转、汇总,即可计算出该种产品的产成品成本。这种结转各步骤成本的方法也称不计算半成品成本的分步法。

平行结转分步法
的含义和特点

知识点 2：平行结转分步法的特点

采用平行结转分步法时,半成品成本不随半成品实物的转移而结转,而是在哪一步骤发生就留在该步骤的基本生产明细账内,月终将相同产品的各个生产步骤应计入产成品成本的份额平行结转、汇总,核算出该种产品的产成品成本。平行结转分步法主要特点如下。

第一,半成品实物逐步结转,但半成品成本不逐步结转。

第二,半成品在各步骤间转移,无论是否通过半成品库收发,均不通过"自制半成品"账户进行总分类核算。

第三,将每个生产步骤发生的费用在产成品和尚未最后制成的在产品之间进行分配,核算出各生产步骤发生的费用中应计入产成品成本的份额。这里的在产品包括：正在本步骤加工中的在产品(狭义在产品);本步骤已经完工转入以后各步骤继续加工的半成品;已入半成品库准备进一步加工、尚未最终形成产成品的半成品;未验收入库的完工产品和待返修的废品。这是广义的在产品概念,是从整个企业的角度而言的在产品。

第四,将各步骤费用中应计入产成品成本的份额平行结转,汇总核算出产成品的总成本和单位成本。

知识点 3：平行结转分步法的适用范围

平行结转分步法主要运用于装配式、多步骤、大量、大批生产的企业,这类企业各生

产步骤所生产的半成品种类较多,但是半成品对外销售的情况很少,管理上不要求核算半成品成本。如果采用逐步结转半成品成本的方法工作量较大,为了简化和加快成本核算工作,可以采用平行结转分步法。例如,砖瓦厂、瓷厂以及不计算零配件成本的机械制造企业等。

知识点4：平行结转分步法的成本计算程序

第一步,按产品的生产步骤和产品品种开设基本生产成本明细账,按成本项目归集在本步骤发生的生产费用,上一生产步骤的半成品成本不随半成品实物转入下一步骤。

第二步,将各生产步骤归集的生产费用在完工产品与月末广义在产品之间进行分配,以确定应计入完工产品成本的生产费用份额。

第三步,将各步骤应计入相同完工产品成本的生产费用份额直接相加,计算出完工产品的实际总成本和单位成本。

知识点5：平行结转分步法中的完工产品和广义在产品

平行结转分步法中的完工产品是指就整个企业而言,已经完成了最后一个加工步骤的产成品。

广义在产品是指就整个企业而言,还没有最终完工的产品,其中包括本步骤尚未完工的在产品(狭义在产品)和本步骤已完工转入下一步骤或半成品库但尚未制成产成品的半成品。

知识点6：平行结转分步法的优点和缺点

平行结转分步法的优点是可以同时平行汇总计算产品成本,不用进行成本还原,既简化了成本计算手续,又加速了成本计算进度。

平行结转分步法的缺点是：第一,在这种成本计算法下,由于各步骤间不结转半成品成本,实物结转和成本结转不一致,不能全面反映各步骤的生产情况,不便于加强车间成本管理;第二,这种成本法不计算半成品成本,不能为分析半成品成本计划的完成情况和计算半成品的销售成本提供资料。

知识点7：平行结转分步法和逐步结转分步法的比较

平行结转分步法和逐步结转分步法的比较如表 4-3-18 所示。

表　4-3-18

平行结转分步法和逐步结转分步法的比较

比较内容	平行结转分步法	逐步结转分步法
成本计算程序	各步骤只计算本步骤应计入产品成本的份额,将各步骤应计入产品成本的份额进行平行结转、汇总,计算出完工产品成本	按产品生产过程逐步计算并结转半成品成本,最后计算出完工产品成本
各步骤所包括的费用	只包括本步骤所发生的费用,不包括之前步骤转入的半成品成本	既包括本步骤所发生的费用,也包括之前步骤转入的半成品成本
完工产品的概念	企业的最终完工产品	既包括完工的产成品,也包括各步骤完工的半成品
在产品的概念	广义	狭义

比较内容	平行结转分步法	逐步结转分步法
提供的成本资料	不能提供各步骤所占用的生产资金数额，但能提供按原始成本项目反映的成本结构，不需要进行成本还原	能提供各步骤所占用的生产资金数额，但综合结转分步法不能提供按原始成本项目反映的成本结构，需要进行成本还原
成本与实物的关系	成本与实物转移不一致	成本与实物转移一致
成本计算的及时性	各步骤成本可同时进行，加快了成本计算速度	后一步骤必须在上一步骤成本计算后才能进行，影响了成本计算的及时性

项目5

分类法和定额法及其应用

在实际生产活动中,某些企业产品的品种、规格较多,还有些企业定额管理制度比较健全。在这样的企业中,可以采用一定的方法简化产品成本核算工作或开展有效的成本控制。本项目主要阐述简化成本核算工作和进行成本控制的成本核算辅助方法——分类法和定额法的原理和核算程序。

分类法和定额法及其应用的任务设计

任务	学 习 任 务	能 力 目 标	学时
5.1	分类法的应用	能够运用产品成本计算的辅助方法分类法计算各种产品的总成本和单位成本,并进行相应的会计处理	2
5.2	定额法的应用	能够运用产品成本计算的辅助方法定额法计算各种产品的总成本和单位成本,并进行相应的会计处理	2

任务 5.1　分类法的应用

 任务目标

知识目标:
了解分类法的含义、适用范围及特点,掌握分类法的成本核算程序。

技能目标:
能根据分类法的特点与核算程序,完成企业成本核算工作。

素养目标:
- 培养分析和解决主要矛盾和次要矛盾的能力。
- 培养遵守企业财务制度和严格执行财经法规纪律的职业素养。

学习情境

　　北方鞋业公司主要生产 A、B 两类产品，因为每类产品的规格较多，但使用的原料和工艺技术流程相似，所以成本计算采用分类法。各类产品的原材料在生产开始时一次投入，各类产品的月末在产品均按所耗原材料定额成本计算（即只把原材料成本在完工产品和在产品之间进行分配，其他费用全部由完工产品负担）；各类产品中不同规格产品成本的系数计算以计划单位成本作为标准，A 类产品以 37 号作为标准产品，B 类产品以 42 号作为标准产品，其系数确定为 1。该公司 20××年 9 月有关资料如表 5-1-1～表 5-1-3 所示。

表　5-1-1

产品产量及计划单位成本

20××年 9 月

产品类别	规格	数量/双		计划单位成本/元
		完工产品	在产品	
A 类	36	1 500		13.60
	37	2 000		14.20
	38	2 500		15.80
	39	1 800		16.50
	合计	7 800	1 200	
B 类	40	1 200		15.00
	41	1 600		17.00
	42	1 800		22.00
	43	2 500		24.00
	合计	7 100	2 000	

表　5-1-2

月初在产品成本及本月生产费用

20××年 9 月　　　　　　　　　　　　　　　　　　　　　　　　单位：元

产品类别	月初在产品原材料定额成本	本月发生的费用			
		直接材料	直接人工	制造费用	合计
A 类	1 500.00	84 500.00	10 000.00	8 500.00	103 000.00
B 类	4 600.00	120 000.00	12 500.00	10 500.00	143 000.00

表　5-1-3

原材料定额成本

20××年 9 月

产品类别	单位产品平均消耗定额		计划单价/元	单位定额成本/元
	材料名称	数量		
A 类	甲	1.25	9.00	11.00
B 类	乙	1.00	12.00	13.00

根据以上资料,采用分类法计算北方鞋业公司的产品成本。

 任务要求

根据学习情境描述的资料采用定额比例分类法和系数分类法计算产品成本,任务要求如下。

(1)观察北方鞋业公司的概况,讨论该企业的生产工艺特点、管理要求适合什么成本计算方法?

(2)根据企业的情况开设产品成本明细账,填写期初余额和本期发生额。

(3)根据企业的产品成本明细账,填写生产费用合计数,并将生产费用合计数登记到完工产品与在产品成本计算表。

(4)根据企业的原材料定额成本表和产品产量基计划单位成本表,计算在产品定额成本,填写完工产品与在产品成本计算表。

(5)计算完工产品成本,填写完工产品与在产品成本计算表。

(6)根据企业产品情况,填写产品系数计算表。

(7)根据企业产品情况,填写规格完工产品成本计算表。

(8)根据企业产品情况,登记产品成本明细账,结转完工产品成本。

 获取信息

分类法工作流程如图 5-1-1 所示。

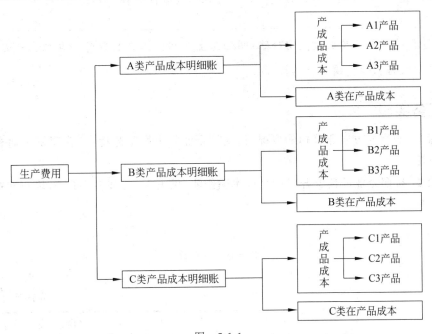

图 5-1-1

引导问题1:什么类型的企业适合使用分类法核算成本?

小提示　　企业所生产产品品种、规格、型号繁多,而且产品使用同样的原材料,通过基本相同的加工工艺过程,可以按照一定标准予以分类的生产企业。

引导问题 2：北方鞋业公司的产品是如何分类的？

小提示 北方鞋业公司的产品根据生产使用原料和加工工艺过程分为 A 类产品和 B 类产品，A 类产品包括型号 36、37、38、39，B 类产品包括型号 40、41、42、43，适合使用分类法来进行产品成本核算。

引导问题 3：产品在进行分类的时候要注意什么？

小提示 根据产品的性质、结构、所用原材料、工艺流程等特点，将产品划分为不同的类别，按类别开设成本计算单，归集生产费用。

引导问题 4：在分类法中，如何核算类别内部的不同产品成本？

小提示 第一，选择合适的指标作为分配标准；第二，确定标准产品，一般选择一种产量大、生产稳定或规格适中的产品作为标准产品，把标准产品的系数定为"1"，然后将其他各种产品与标准产品相比较，求出各种产品对标准产品的系数；第三，将各种产品的实际产量按系数折合成标准产量（即总系数）；第四，计算费用分配率或每一系数成本；第五，计算各种产品应负担的费用。

引导问题 5：北方鞋业公司在进行期初建账时需要注意什么问题？

小提示 按产品类别设置明细账；明细账上写明完工产品数量和在产品数量；明细账上写明期初数据、日期、摘要、方向。

任务实施

步骤 1：观察北方鞋业公司的概况，讨论该企业的生产工艺特点、管理要求适合什么成本计算方法。

步骤 2：按照企业的情况开设产品成本明细账（见表 5-1-4 和表 5-1-5），填写期初余额和本期发生额。

表　5-1-4

产品成本明细账

完工产量：7 800

在产品数量：1 200

产品类别：A 类

20××年		摘要	借方	贷方	方向	余额	（借）方发生额分析		
月	日						直接材料	直接人工	制造费用
9	1	月初在产品成本							
	30	本月发生费用							
	30	生产费用合计							

续表

20××年		摘要	借方	贷方	方向	余额	（借）方发生额分析		
月	日						直接材料	直接人工	制造费用
	30	结转完工产品成本							
	30	月末在产品成本							

表 5-1-5

产品成本明细账

完工产量：7 100

产品类别：B类

在产品数量：2 000

20××年		摘要	借方	贷方	方向	余额	（借）方发生额分析		
月	日						直接材料	直接人工	制造费用
9	1	月初在产品成本							
	30	本月发生费用							
	30	生产费用合计							
	30	结转完工产品成本							
	30	月末在产品成本							

步骤3：根据企业的产品成本明细账，填写生产费用合计数（见表5-1-4和表5-1-5），并将生产费用合计数登记到完工产品与在产品成本计算表（表5-1-6）。

表 5-1-6

完工产品与在产品成本计算表

20××年9月

产品类别	成本项目	生产费用合计/元	在产品数量/双	在产品单位定额成本/元	在产品定额成本/元	完工产品成本/元
A 类	直接材料					
	直接人工					
	制造费用					
	合计					
B 类	直接材料					
	直接人工					
	制造费用					
	合计					

步骤4：根据企业的原材料定额成本表和产品产量基计划单位成本表，计算在产品定额成本，填写完工产品与在产品成本计算表（见表5-1-6）。

步骤5：计算完工产品成本，填写完工产品与在产品成本计算表（见表5-1-6）。

步骤6：根据企业产品情况，填写产品系数计算表（见表5-1-7）。

表 5-1-7

产品系数计算表

20××年9月

产品类别	规格	计划单位成本/元	系数
A类	36		
	37		
	38		
	39		
B类	40		
	41		
	42		
	43		

步骤7：根据企业产品情况，填写规格完工产品成本计算表（见表5-1-8和表5-1-9）。

表 5-1-8

规格完工产品成本计算表

产品类别：A类　　　　　　　　　20××年9月　　　　　　　　　单位：元

产品规格	产量/双	系数	折合标准产量	完工产品总成本	单位标准产品成本	各规格产品总成本	各规格产品单位成本
	①	②	③=①×②	④	⑤=④/③	⑥=③×⑤	⑦=⑥/①
36							
37							
38							
39							
合计							

表 5-1-9

规格完工产品成本计算表

产品类别：A类　　　　　　　　　20××年9月　　　　　　　　　单位：元

产品规格	产量/双	系数	折合标准产量	完工产品总成本	单位标准产品成本	各规格产品总成本	各规格产品单位成本
	①	②	③=①×②	④	⑤=④/③	⑥=③×⑤	⑦=⑥/①
36							
37							
38							
39							
合计							

步骤8：根据企业产品情况，登记产品成本明细账（见表5-1-4和表5-1-5），结转完工产品成本。

任务评价

使用表 5-1-10 进行任务评价。

表 5-1-10

分类法的应用任务评价表

班级		姓名			学号	
项目 5 任务 5.1			分类法的应用			
评价项目	评价标准		分值	自评	互评	师评	总评
企业情况分析	选择方法准确,分配步骤准确		5				
填写期初余额和本期发生额	数据准确		5				
计算完工产品与在产品成本计算表	计算正确		20				
产品系数计算表和规格完工产品成本计算表	计算正确		20				
产品成本明细账	明细账正确		20				
工作态度	严谨认真、无缺勤、无迟到早退		10				
工作质量	按计划完成工作任务		10				
职业素质	遵纪守法、诚实守信、团队合作		10				
合　　计			100				

 知识链接

知识点 1:分类法的含义和适用范围

面对品种、规格繁多的产品,为了简化产品成本的计算工作,成本会计人员可以先按照一定的标准对产品进行分类,然后按产品类别归集生产费用,并计算各类产品的总成本;期末再对各类产品的总成本按一定的标准在类内各种产品之间进行分配,计算出各种规格产品的成本。这种以产品类别为成本计算对象,归集生产费用,计算各类产品总成本和类内各种产品成本的方法,就是产品成本计算的分类法。

分类法一般适用于使用同样的原材料,通过基本相同的加工工艺过程,所生产产品品种、规格、型号繁多,可以按照一定标准予以分类的生产企业。分类法与生产类型没有直接的关系,可以应用于各种类型的生产中。例如,冶金行业的各种型号和规格的生铁、钢锭和钢材生产,针织行业的不同规格、种类的针织品生产,电子行业的不同类别和规格的电子元件生产,食品行业的各种饼干和糖果生产等。该方法也适用于用同种原材料在同一加工过程中同时生产出几种主要产品的生产,如原油提炼出汽油、柴油、煤油、沥青等。

知识点 2:分类法的特点

分类法的特点主要表现在成本计算对象、成本计算期和生产费用分配三个方面。

（1）以产品类别作为产品成本计算对象

采用分类法计算产品成本，首先要根据产品结构、所用原材料和工艺过程的不同，将产品划分为若干类，按照产品的类别设立产品成本明细账，归集生产费用，计算各类产品的成本。因此，采用分类法进行成本计算时，需要按照每类产品设置基本生产成本明细账（产品成本计算单），用于归集生产过程中发生的各项费用。

（2）产品成本计算期由产品成本计算的基本方法决定

采用分类法计算产品成本，需要与产品成本计算的基本方法结合使用，因此采用分类法计算产品成本时，其产品成本计算期由产品成本计算的基本方法决定。如果类内各种产品的生产周期较短，同时是大量大批的单步骤生产，或者管理上不要求分步骤计算成本的多步骤生产，则以品种法为基本成本计算方法并结合使用分类法，其成本计算期通常与会计核算期一致。如果类内产品是小批生产或单件生产，与分类法结合使用的基本方法则是分批法，每批产品的实际成本通常要在该批产品全部完工以后才能确定，成本计算期不固定。如果类内产品的成本需要按产品的生产步骤确定，与分类法结合使用的基本方法则是分步法，则其成本计算期只能与会计核算期一致，即按月定期进行成本计算。

（3）月末通常要在完工产品与月末在产品之间分配生产费用

与产品成本计算的基本方法一样，采用分类法计算产品成本时，只要存在月末在产品，月末就需要在完工产品与月末在产品之间分配生产费用。

知识点3：分类法的成本计算方法

采用分类法计算产品成本的程序包括确定成本计算对象、设置和登记基本生产成本明细账、计算各类产品总成本和类内产品成本三个方面。

分类法的成本
计算方法

（1）确定成本计算对象

采用分类法计算产品成本的企业，要将不同规格的产品按一定的标准进行分类，通常是将生产工艺相同、耗用材料相近的产品归为一类，以产品的类别作为成本计算对象。因此，合理确定产品类别是正确计算产品成本的基础。

（2）设置和登记基本生产成本明细账

按确定的产品类别作为成本计算对象设置基本生产成本明细账（产品成本计算单），将发生的生产费用按成本项目在基本生产成本明细账中登记，归集各类产品的全部生产费用。

（3）计算各类产品的总成本和类内产品成本

根据与分类法结合使用的基本方法确定成本计算期，对归集的生产费用在完工产品与月末在产品之间进行分配，计算出每类产品的总成本。然后，采用合理的分配方法将各类产品的总成本在类内各种产品之间进行分配，确定每种产品的总成本与单位成本。

任务5.2　定额法的应用

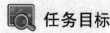 **任务目标**

知识目标：

了解定额法的含义、适用范围及特点，掌握定额法的成本核算程序。

技能目标:

能根据定额法的特点与核算程序,完成企业成本核算工作。

素养目标:

• 培养分析和解决主要矛盾和次要矛盾的能力。

• 培养勤俭节约、诚实守信的品质。

• 养成事前认真计划、事中严格控制、事后总结纠错的习惯。

 学习情境

光明机械配件有限责任公司生产 A 产品,产品定额资料齐全,采用定额法计算产品成本。该产品 20××年 9 月投产情况见表 5-2-1,其中 A 产品的原材料在生产开始时一次投入,月末在产品的完工程度为 50%。该产品的脱离定额差异和定额变动差异均按定额成本比例在完工产品和在产品之间进行分配。

表　5-2-1

投产资料

20××年 9 月　　　　　　　　　　　　　单位:件

月初在产品	本月投产	本月完工	月末在产品
150	550	200	500

当月生产费用发生情况见表 5-2-2。

表　5-2-2

生产费用发生情况表

20××年 9 月　　　　　　　　　　　　　单位:元

成本项目	直接材料	直接人工	制造费用	合计
本月发生费用实际成本	38 000.00	13 000.00	10 000.00	61 000.00
本月发生费用定额成本	37 000.00	12 500.00	9 500.00	59 000.00

当月月初单位产品原材料定额成本改为 70.50 元/件;单位产品的直接人工定额成本和制造费用定额成本不变。

A 产品定额成本资料见表 5-2-3。

表　5-2-3

A 产品定额成本资料

20××年 9 月　　　　　　　　　　　　　单位:元

成本项目	直接材料	直接人工	制造费用	合计
单位产品定额成本	72.00	28.00	24.00	124.00
单位在产品定额成本	72.00	14.00	12.00	98.00
月初在产品脱离定额差异	−120.00	40.00	45.00	−35.00

根据以上资料,完成 A 产品定额成本及脱离定额差异计算表、定额变动差异计算表和产品成本计算单。

任务要求

根据学习情境描述的资料采用定额法计算产品成本，任务要求如下。

（1）根据光明机械配件有限责任公司的概况，完成 A 产品定额成本及脱离定额差异计算表。

（2）根据企业的情况，填制定额变动差异计算表。

（3）根据企业的情况，填制产品成本计算单。

 获取信息

定额法工作流程如图 5-2-1 所示。

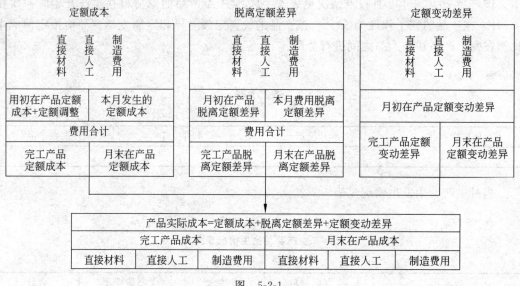

图　5-2-1

引导问题 1：什么类型的企业适合使用定额法核算成本？

_____

小提示　定额法是以产品品种或类别作为成本核算对象，根据产品实际产量核算产品的实际生产费用和脱离定额的差异，计算完工产品成本的一种成本计算方法，主要适用于产品已经定型、产品品种比较稳定、各项定额比较齐全准确、原始记录比较健全的大量、大批生产企业。

引导问题 2：光明机械配件有限责任公司的产品实际成本是如何计算的？

_____

小提示　定额法是将实际发生的费用和定额费用分别核算，期末计算完工产品成本通常由三部分组成：产品实际成本＝定额成本＋脱离定额差异＋定额变动差异。

引导问题 3：光明机械配件有限责任公司的本月发生费用脱离定额差异是如何计算的？

_____

小提示　在 A 产品定额成本及脱离定额差异计算表中，本月发生费用脱离定额差异是用实际成本减去定额成本得到的。

引导问题 4：光明机械配件有限责任公司的定额变动差异是如何计算的？

小提示　在 A 产品月初在产品定额变动差异计算表中，定额差异变动是用变动前的定额成本减去变动后的定额成本得到的。

任务实施

步骤 1：根据光明机械配件有限责任公司的概况，完成 A 产品定额成本及脱离定额差异计算表（见表 5-2-4）。

表　5-2-4

A 产品定额成本及脱离定额差异计算表

20××年 9 月　　　　　　　　　　　　　　　单位：元

成本项目	月初在产品				本月发生费用		
	数量	单位定额	定额成本	脱离定额成本	定额成本	实际成本	脱离定额差异
直接材料							
直接人工							
制造费用							
合计							

步骤 2：根据企业的情况，填制定额变动差异计算表（见表 5-2-5）。

表　5-2-5

A 产品月初在产品定额变动差异计算表

20××年 9 月　　　　　　　　　　　　　　　单位：元

成本项目	单位在产品定额		定额成本（150 件）		定额变动差异
	变动前	变动后	变动前	变动后	
直接材料					
直接人工					
制造费用					
合计					

步骤 3：根据企业的情况，填制产品成本计算单（见表 5-2-6）。

表　5-2-6

A 产品成本计算单

20××年 9 月　　　　　　　　　　　　　　　单位：元

成本项目		行次	直接材料	直接人工	制造费用	合计
月初在产品 （150 件）	定额成本	①				
	脱离定额差异	②				
月初在产品 定额变动	定额成本调整	③				
	定额变动差异	④				

续表

成本项目		行次	直接材料	直接人工	制造费用	合计
本月发生费用	定额成本	⑤				
	脱离定额差异	⑥				
费用合计	定额成本	⑦＝①＋③＋⑤				
	脱离定额差异	⑧＝②＋⑥				
	定额变动差异	⑨＝④				
分配率	脱离定额差异分配率	⑩＝⑧／⑦				
	定额变动差异分配率	⑪＝⑨／⑦				
产成品 （200件）	定额成本	⑫				
	脱离定额差异	⑬＝⑫×⑩				
	定额变动差异	⑭＝⑫×⑪				
	实际总成本	⑮＝⑫＋⑬＋⑭				
	实际单位成本	⑯＝⑮／产量				
月末在产品 （500件）	定额成本	⑰＝⑦－⑫				
	脱离定额差异	⑱＝⑧－⑬				
	定额变动差异	⑲＝⑨－⑭				

任务评价

使用表 5-2-7 进行任务评价。

表 5-2-7

定额法的应用任务评价表

班级		姓名			学号	
项目5任务5.2		定额法的应用				
评价项目	评价标准	分值	自评	互评	师评	总评
企业情况分析	选择方法准确，分配步骤准确	5				
完成A产品定额成本及脱离定额差异计算表	计算正确	20				
完成定额变动差异计算表	计算正确	20				
完成产品成本计算单	计算正确	25				
工作态度	严谨认真、无缺勤、无迟到早退	10				
工作质量	按计划完成工作任务	10				
职业素质	遵纪守法、诚实守信、团队合作	10				
合　　计		100				

知识链接

知识点 1：定额法的含义和适用范围

定额法是以产品的定额成本为基础,加、减各类差异计算产品实际成本的一种方法。定额法不是基本成本计算方法,与企业生产类型无关。这种方法能够及时反映和监督生产费用和产品成本脱离定额的差异,把产品成本的计划、控制、核算和分析结合在一起。

定额法是企业为了将成本核算和成本控制结合起来而进行成本计算的一种辅助方法,它不是独立的、基本的成本核算方法,通常与生产类型没有直接关系,只要企业的定额管理制度比较健全,定额管理工作基础较好,产品的生产已经定型,消耗定额比较准确、稳定,都可采用定额法计算产品成本。

知识点 2：定额法的特点

（1）事先制定产品定额成本

定额法以产品的定额成本为基础计算产品实际成本。采用定额法需要事前确定产品的各项消耗定额、费用定额,并以现行定额为依据确定定额成本,作为成本控制的目标。

定额法的特点和
成本计算程序

（2）分别计算符合定额的费用和脱离定额的差异

定额法下,在发生生产费用的当时,就应区别符合定额的费用和发生的差异,分别编制凭证,予以汇总,并对其中重点差异进行分析,查明原因,反馈给有关管理部门,加以控制。

（3）以定额成本为基础加减各种成本差异,求得实际成本

定额法以定额为基础,但作为一种成本计算方法,最终要求计算出的仍然是产品的实际成本。计算出完工产品的实际成本,为成本的定期分析和考核提供依据。

知识点 3：定额法的成本计算程序

（1）制定产品定额成本

根据企业现行消耗定额和费用定额,按照产品品种和规定的成本项目,分别确定产品定额成本,并编制各产品定额成本计算表。

（2）按成本计算对象设置产品成本明细账

账中按成本项目设"月初在产品成本""月初在产品定额变动""本月生产费用""生产费用累计""完工产品成本"和"月末在产品成本"等专栏,各专栏又根据本专栏情况分设相应的小栏目,如"完工产品成本"专栏中有"定额成本""脱离定额差异""材料成本差异""定额变动差异"和"实际成本"小栏目。

（3）计算月初定额变动差异

在定额成本修订的当月,应调整月初在产品的定额成本,计算月初定额变动差异。

（4）核算脱离定额差异

在生产费用发生时,按成本项目将符合定额的费用和脱离定额的差异分别核算,并予以汇总。

（5）在本月完工产品和月末在产品之间分配成本差异

月末,企业应将月初结转和本月发生的脱离定额差异、材料成本差异和定额变动差异分别汇总,按确定的成本计算基本方法,按一定标准在完工产品和在产品之间进行分配。

（6）计算本月完工产品的实际总成本和单位成本

以本月完工产品的定额成本为基础，加上或减去各项成本差异，计算出本月完工产品的实际总成本，并计算完工产品的实际单位成本。

知识点 4：定额法下产品实际成本的构成

由于定额法把实际发生的费用和定额费用分别核算，所以，期末完工产品成本通常由三部分组成：

$$产品实际成本＝定额成本＋脱离定额差异＋定额变动差异$$

这个公式中的定额成本是指按产品现行消耗定额计算的成本；脱离定额差异是指实际发生的各项费用与现行定额的差异；定额变动差异则是指当企业修改定额时，新定额与旧定额的差异。脱离定额差异反映了费用的节约和超支，而定额变动差异则是由于技术进步、劳动生产率提高、物价变动等原因形成的新旧定额的差异，而不是费用本身的节约或超支；脱离定额差异是经常存在的，而定额变动差异只有在修改消耗定额时才产生。在定额法下，产品实际成本是由定额成本、定额差异和定额变动差异三个因素组成的。

知识点 5：材料脱离定额差异的核算——限额法

在限额法下，原材料的领用通常采用限额领料制度。在限额范围内的领料，应根据限额领料单等定额凭证领发。如果由于增加产量，需要增加用料，在办理追加限额手续后，也可根据定额凭证领发。由于其他原因发生的超额用料或代用材料的领用，则应填制专设的超额领料单、代用材料领料单等差异凭证，经过一定的审批手续后领发。在差异凭证中，应填写差异的数量、金额以及发生差异的原因。采用代用材料和废料利用的，还应在有关的限额领料单中注明，并从原来的限额中予以扣除。

采用限额法时，必须在每批生产任务完成以后，根据车间余料编制退料手续，限额领料单中尚未领用的余额，在扣除代用领料单中的金额后，加上退料单上的金额，即为材料的节约差异。超限额领料单上的数量为超支金额。

由于投产的产品数量不一定等于规定的产品数量，且期初、期末车间可能有余料，致使所领原材料的数量也不一定等于原材料的实际消耗量。另外，由于原材料脱离定额差异只是产品生产中实际用料脱离现行定额而形成的成本差异，因而限额法不能完全控制用料。

由此可见，只有本期投入产品的原材料消耗定额的数量与限额领料单规定的数量相一致，且车间月初、月末均无余料或期初、期末余料量相等时，领料差异才是用料脱离定额的差异。

知识点 6：材料脱离定额差异的核算——切割核算法

分批组织生产的企业，对于某些贵重或经常大量使用的，且需要经过准备车间切割后才能进一步进行加工的材料，应当采用切割核算法，通过材料切割核算单，核算材料定额消耗量和脱离定额的差异。材料切割核算单应按切割材料的批别开具，单中填明发交切割材料的种类、数量、消耗定额和应切割成的毛坯数量。切割完毕后，再填写实际切割成的毛坯数量和材料的实际消耗量。根据实际切割的毛坯数量和消耗定额，即可算出材料定额消耗量，以此与材料实际消耗量相比较，即可确定材料脱离定额差异。采用切割核算法，应填写材料切割核算单。

材料切割核算单应按被切割材料的每一批别、每一班组、每种材料或每种零件开具。材料定额消耗量和废料定额回收量应按实际切割成的毛坯数量分别乘以材料消耗定额和废料回收定额计算。材料实际消耗量减去定额消耗量即为材料脱离定额的差异数量，再乘以材料计划单价就可算出差异金额。废料实际回收量减去定额回收量即为废料脱离定额差异，再乘以废料单价即为差异金额。由于回收废料超过定额的差异可以冲减材料费用，低于定额的差异列为正数。

采用材料切割核算单进行材料切割的核算，能够及时反映材料的使用情况和发生差异的具体原因，有利于加强对材料消耗的监督和控制，尤其是与车间或班组的经济核算结合起来，可以收到更好的效果。

知识点7：材料脱离定额差异的核算——盘存法

如果在连续式、大量、大批生产情况下，不能分批核算原材料脱离定额的差异。这时需根据完工产品数量和在产品盘存（实地盘存或账面结存）数量算出投产产品数量，再乘以原材料的消耗定额，算出原材料定额消耗量；根据限额领料单、超额领料单、退料单以及车间余料的盘存数量，算出原材料实际消耗量；然后，将原料实际消耗量与定额消耗量进行比较，进而确定原材料脱离定额差异。按照本期投产产品数量核算材料脱离定额差异，原材料必须在生产开始时一次投入，不包括期初和期末在产品耗用的原材料。如果原材料是随着生产进度陆续投入的，则期初和期末在产品数量应改为按原材料消耗定额计算的期初和期末在产品的约当产量。

知识点8：直接人工脱离定额差异的核算方法

直接人工脱离定额差异的核算，因企业采用的工资制度不同而有所区别。

（1）计件工资制度下直接人工脱离定额差异的计算

在计件工资制度下，直接人工直接计入耗费，按计件工资单价支付的工资属于工资定额成本，而在计件工资之外所付的奖金、津贴、补贴等都属于工资的定额差异，应用专设的差异凭证反映，其脱离定额差异的计算与直接材料项目类似。

（2）计时工资制度下直接人工脱离定额差异的计算

在计时工资制度下，直接人工费属于间接计入耗费。直接人工脱离定额差异由工时差异与小时人工费差异两部分构成。计算公式为

$$计划小时人工费率 = \frac{计划产量的定额直接人工总额}{计划产量的定额生产总工时}$$

$$实际小时人工费率 = \frac{实际直接人工总额}{实际生产总工时}$$

某产品的实际生产工资 = 该产品实际生产工时 × 实际小时人工费率

某产品的定额生产工资 = 该产品定额生产工时 × 计划小时人工费率

某产品直接人工脱离定额差异 = 某产品实际生产工资 − 某产品定额生产工资

知识点9：制造费用脱离定额差异的核算方法

制造费用一般属于间接计入费用，发生时按车间和具体项目进行归集，月末按照一定标准分配计入有关产品的成本。因此，在制造费用的日常核算中，不能在耗费发生时直接按产品计算脱离定额差异，只能根据制订的制造费用计划，按照耗费项目和发生耗费的车间、部

门,核算脱离计划的差异,据以对耗费的发生进行控制和监督。月末实际发生的耗费分配给各种产品后,经比较才能确定各种产品制造费用脱离定额差异,其计算公式为

$$计划小时制造费用 = \frac{计划制造费用总额}{计划产量定额工时总数}$$

$$实际小时制造费用 = \frac{实际制造费用总额}{实际工时总数}$$

实际制造费用 = 实际工时总数 × 实际小时制造费用

定额制造费用 = 实际产量 × 单位产品定额工时 × 计划小时制造费用

制造费用脱离定额差异 = 实际制造费用 - 定额制造费用

成本管理篇

项目6

作业成本法及其应用

在大数据、人工智能、移动互联网、云计算、物联网的背景下,企业经营活动中业财融合是大势所趋。很多企业中非产量相关的制造费用比重越来越大,产品多样性程度越来越高,如果继续使用传统意义上的分配标准,必然难以获得真实的成本信息。作业成本法能够提供更加准确的各维度成本信息,有助于企业提高产品定价、作业与流程改进、客户服务等决策的准确性;改善和强化成本控制,促进绩效管理的改进和完善;推进作业基础预算,提高作业、流程、作业链(或价值链)管理的能力。

作业成本法及其应用的任务设计

学 习 任 务	能 力 目 标	学时
作业成本法及其应用	能够运用作业成本法计算各种产品的总成本和单位成本,并进行相应的会计处理	4

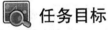 **任务目标**

知识目标:

掌握作业成本法的相关概念及核算程序。

技能目标:

能运用作业成本法计算产品成本。

素养目标:

- 培养与时俱进的成本核算理念,树立成本核算工作的细致与系统性观念。
- 培养自觉遵守会计法规和企业规章制度的意识,具备诚实守信的职业道德、良好的团队协作精神。

学习情境

光华工厂是一家高科技企业,生产甲、乙两种产品,其中甲产品的工艺较为简单,乙产品的工艺相对复杂。由于市场竞争的压力，企业需精确计算产品成本，采用作业成本法计算产品成本。该工厂20××年9月甲、乙产品月初、月末均无在产品，产品相关资料如表6-1～表6-3所示。

表 6-1

产品相关资料表

单位：元

产品名称	直接材料	直接人工	制造费用
甲产品	720 000	300 000	600 000
乙产品	240 000	180 000	

表 6-2

资源金额及资源动因数量表

资源类别	金额/元	资源动因	资源动因数量				
			生产准备	生产流程监控	产品包装	产品检验	工厂管理
人工费	180 000	工人人数	8	15	20	10	7
电费	60 000	用电度数	3 000	6 600	14 400	3 600	2 400
折旧	240 000	机器小时	250	400	1 000	200	150
办公费及其他费用	120 000	工人人数	8	15	20	10	7

表 6-3

产品消耗作业数量表

作业	作业成本动因	甲产品	乙产品
生产准备	准备次数/次	6	10
生产流程监控	监控小时/时	40	60
产品包装	包装次数/次	60	100
产品检验	检验小时/时	30	40
工厂管理	直接人工/时	4 000	6 000

 任务要求

根据学习情境描述的资料采用作业成本法计算产品成本，任务要求如下。

(1) 识别并确认各项资源费用。

(2) 进行作业认定，识别并确认各项作业，判断作业类型。

(3) 将资源按资源动因进行分配，计算并编制资源耗费分配率计算表。

(4) 按照资源费用与资源动因，计算并编制资源耗费分配表。

(5) 将作业成本按作业动因进行分配，计算并编制作业成本分配率表。

(6) 归结甲、乙产品承担的制造费用，编制产品作业成本计算表。

(7) 结转产品成本，计算甲产品、乙产品的总成本和单位成本，编制产品成本计算表。

获取信息

作业成本法工作流程如图 6-1 所示。

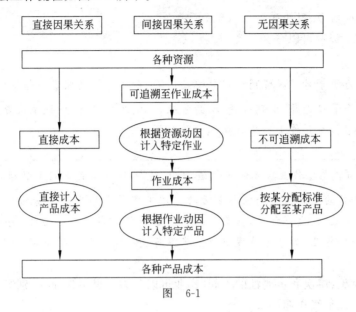

图 6-1

引导问题 1：采用传统的成本核算方法，如何对制造费用进行分解？

小提示　在传统的成本核算方法下，通常先将制造费用按照生产部门归集，然后将各生产部门的制造费用按照一定的标准分配给产品，即"资源→部门→产品"，分配标准通常以数量（直接人工工时）为依据。

引导问题 2：结合学习情境，在传统的成本核算方法下，甲、乙两种产品的产品成本是多少？已知，甲产品耗用生产人工工时 12 000 小时，乙产品耗用生产工人工时 8 000 小时。

小提示　在学习情境产品相关资料表中查找制造费用，依据数量分配标准进行费用分配，计算出产品总成本。

引导问题 3：根据作业成本法工作流程，归纳总结作业成本法的含义。

小提示　在传统的制造费用分配中，分配标准单一，只满足与生产数量有关的制造费用分配，而在作业成本法中，借助作业这一概念，丰富分配标准，从而将制造费用进行多标准分配。

引导问题 4：作业成本法具有什么特点？

小提示　作业成本法的特点是对制造费用进行分解，可以提供更准确的成本信息，强化成本控制，在一定程度上弥补了传统成本核算法对产品成本计算的不足。

引导问题5：资源的定义是什么？

小提示　资源是企业在一定期间内开展经济活动所发生的各项资源耗费，包括企业活动所涉及的人力、物力、财力等。

引导问题6：资源可以分为几类？

小提示　为便于对资源费用进行分配或追溯，企业可以按照资源与不同层次作业的关系，将资源分为产量级资源、批别级资源、品种级资源、客户级资源、设施级资源。

引导问题7：什么是作业？作业可以分为几类？

小提示　在图6-1作业成本法工作流程中，连接资源和成本对象的桥梁就是作业，它是企业基于特定目的重复执行的任务或活动。作业贯穿产品生产经营的全过程，包括产品的设计、原材料的采购、生产加工，直至产品的发运销售。在这一过程中，每个环节、每道工序都可以视为一项作业，如学习情境中的生产准备、生产流程监控、产品包装、产品检验、工厂管理。

按照受益对象、层次和重要性的不同，作业可以分为产量级作业、批别级作业、品种级作业、客户级作业、设施级作业。

> ★小测试1　下列项目中，是开展业务的基本条件，使所有的产品都受益，但与产量无关的作业是（　　）。
> A. 产量级作业　　　　　　　　　　B. 批别级作业
> C. 客户级作业　　　　　　　　　　D. 设施级作业

引导问题8：在作业成本法下，成本分配的标准是什么？

小提示　在作业成本法下，成本动因是成本分配的依据。例如，学习情境中的电费随着用电度数的增加而增加，用电度数就是诱导电费成本发生的原因，即电费的成本动因。按成本动因在资源流动中所处的位置和作用，成本动因可分为资源动因和作业动因。资源动因是引起资源耗用的成本动因，反映了资源耗用与作业量之间的因果关系；作业动因是引起作业耗用的成本动因，反映了作业耗用与最终产出的因果关系。

> ★小测试2　能够反映作业量与资源消耗之间因果关系的是（　　）。
> A. 资源动因　　　　　　　　　　　B. 作业动因
> C. 产品动因　　　　　　　　　　　D. 成本动因

引导问题9：计算某项作业耗用的资源费用的注意事项是什么？

小提示　企业应当识别当期发生的每一项资源消耗，分析资源耗用与作业中心作业量之间的因果关系,选择并计量资源动因。例如,电费消耗为 60 000 元,这是资源消耗,多项作业都需要电,那么度数就是一个资源动因。以该作业的资源动因为分配基础,计算资源动因分配率,并将所耗资源费用按资源动因分配率分给各作业成本库。

引导问题10:计算作业动因分配率的注意事项是什么?

_____

小提示 作业动因是引起该作业耗用的成本动因。例如,生产准备作业,作业成本与其产品的准备次数有关,准备次数即为作业动因。在计算作业动因分配率时,应用作业成本除以该作业动因总量。

★**小测试 3** 某产品设备维修成本为 3 000 元,甲产品和乙产品的设备维修时间分别为 20 小时和 10 小时,其作业成本分配率为( )。

A. 100　　　　　B. 150　　　　　C. 250　　　　　D. 300

引导问题11:计算甲、乙产品承担的制造费用的注意事项是什么?

_____

小提示 在求出作业成本分配率后,可以求出各项作业中甲、乙产品分摊的数值,进而进行成本归集,得到甲、乙两种产品的制造费用。

引导问题12:计算甲、乙两种产品的总成本和单位成本的注意事项是什么?

_____

小提示 成本对象是指企业追溯或分配资源费用、计算成本的对象物。成本对象可以是工艺、流程、零部件、产品、服务、分销渠道、客户、作业、作业链等需要计量和分配成本的项目。因此,产品总成本不仅包括分配至该对象的各项作业之和,还包括直接追溯至该成本对象的资源费用。

任务实施

步骤 1:识别并确认各项资源费用。

分析原始资料,根据该企业的企业特点、成本精确性要求,选择合适的成本计算方法,完成资源费用的识别与资源动因的思考,填写表6-4。

表 6-4

资源认定表

资源	资源费用/元	资源动因

步骤 2：进行作业认定，识别并确认各项作业，判断作业类型。

根据产品工艺流程，认定企业作业，并结合"获取信息"，对作业类型加以判断，思考作业动因，填写表 6-5。

表 6-5

作业认定表

作业	作业类型	作业动因

步骤 3：将资源按资源动因进行分配，计算并编制资源耗费分配率计算表。

根据企业资源耗费情况，计算分配率，填写表 6-6 资源耗费分配率计算表。

表 6-6

资源耗费分配率计算表　　　　　　　　　　金额单位：元

资源类别	资源费用	资源动因合计	分配率

步骤 4：按照资源费用与资源动因，计算并编制资源耗费分配表。

分析原始资料，结合资源动因分配率，填写表 6-7 资源耗费分配表。

表 6-7

资源耗费分配表　　　　　　　　　　金额单位：元

资源类别	资源动因分配率	生产准备	生产流程监控	产品包装	产品检验	工厂管理
合计						

步骤 5：将作业成本按作业动因进行分配，计算并编制作业成本分配率表。

根据企业作业成本耗费情况，计算分配率，填写表 6-8 作业成本分配率计算表。

表 6-8

作业成本分配率计算表 金额单位：元

作业成本库	作业成本	作业动因	作业量			作业动因分配率
			甲产品	乙产品	合计	

步骤 6：归结甲、乙产品承担的制造费用，编制产品作业成本计算表。

分析原始资料，结合作业动因分配率，填写表 6-9 产品作业成本计算表，明确甲、乙产品最终所能分摊的制造费用。

表 6-9

产品作业成本计算表 金额单位：元

作业成本库（作业中心）	作业动因分配率	甲产品		乙产品		作业成本
		作业量	作业成本	作业量	作业成本	
合计						

步骤 7：结转产品成本，计算甲产品、乙产品的总成本和单位成本，编制产品成本计算表。

结合学习情境中表 6-1 与步骤 6 中的制造费用，填写表 6-10 产品成本计算表。

表 6-10

产品成本计算表 金额单位：元

成本项目	甲产品（4 000 件）		乙产品（1 000 件）	
	单位成本	总成本	单位成本	总成本
直接材料成本				
直接人工成本				
制造费用				
合计				

 任务评价

使用表 6-11 进行任务评价。

表　6-11

作业成本法及其应用任务评价表

班级		姓名			学号	
项目6		作业成本法及其应用				
评价项目	评价标准	分值	自评	互评	师评	总评
识别资源费用	准确识别资源费用	10				
判断作业类型	作业类型判断正确	15				
分配资源费用	资源耗费分配表正确	15				
分配作业成本	产品作业成本计算表正确	15				
结转产品成本	产品成本计算表正确	15				
工作态度	严谨认真、无缺勤、无迟到早退	10				
工作质量	按计划完成工作任务	10				
职业素质	遵纪守法、诚实守信、团队合作	10				
合　　计		100				

 知识链接

知识点1：作业成本法的含义和适用范围

作业成本法是指以"作业消耗资源、产出消耗作业"为原则，按照资源动因将资源费用追溯或分配至各项作业，计算出作业成本，再根据作业动因，将作业成本追溯或分配至各成本对象，最终完成成本计算的成本管理方法。它主要适用于以下几种类型的企业：①作业类型较多且作业链较长；②同一生产线生产多种产品；③企业规模较大且管理层对产品成本准确性要求较高；④产品、客户和生产过程多样化程度较高；⑤间接或辅助资源费用所占比重较大。

知识点2：作业成本法的相关概念

（1）资源

资源是指企业在一定期间内开展经济活动所发生的各项资源耗费。资源费用既包括房屋及建筑物、设备、材料、商品等有形资源的耗费，也包括信息、知识产权、土地使用权等各种无形资源的耗费，还包括人力资源耗费以及其他各种税费支出等。

作业成本法的
相关概念

为便于将资源费用直接追溯或分配至各作业中心，企业还可以按照资源与不同层次作业的关系，将资源分为以下五类。

① 产量级资源，包括为单个产品（或服务）所取得的原材料、零部件、人工、能源等。

② 批别级资源，包括用于生产准备、机器调试的人工等。

③ 品种级资源，包括生产某一种产品（或服务）所需要的专用化设备、软件、人力等。

④ 客户级资源，包括服务特定客户所需要的专门化设备、软件、人力等。

⑤ 设施级资源，包括土地使用权、房屋及建筑物，以及所保持的不受产量、批别、产品、服务和客户变化影响的人力资源等。

对产量级资源费用，应直接追溯至各作业中心的产品等成本对象。对其他级别的资源费用,应选择合理的资源动因,按照各作业中心的资源动因量比例,分配至各作业中心。企业为执行每一种作业所消耗的资源费用的总和,构成该种作业的总成本。

（2）作业

作业是指企业基于特定目的重复执行的任务或活动,是连接资源和成本对象的桥梁。一项作业既可以是一项非常具体的任务或活动,也可以泛指一类任务或活动。

企业可按照受益对象、层次和重要性,将作业分为以下五类。

① 产量级作业是指明确地为个别产品（或服务）实施的、使单个产品（或服务）受益的作业。该类作业的数量与产品（或服务）的数量成正比例变动,包括产品加工、检验等。

② 批别级作业是指为一组（或一批）产品（或服务）实施的、使该组（或批）产品（或服务）受益的作业。该类作业的发生是由生产的批量数而不是单个产品（或服务）引起的,其数量与产品（或服务）的批量数成正比变动,包括生产准备、生产准备等。

③ 品种级作业是指生产和销售某种产品（或服务）实施的、使该种产品（或服务）的每个单位都受益的作业,包括新产品设计、现有产品质量与功能改进、产品广告等。

④ 客户级作业是指服务特定客户实施的作业。该类作业保证企业将产品（或服务）销售给个别客户,但作业本身与产品（或服务）数量独立,包括向个别客户提供的技术支持活动、咨询活动、独特包装等。

⑤ 设施级作业是指为提供生产产品（或服务）的基本能力而实施的作业。该类作业是开展业务的基本条件,使所有产品（或服务）都受益,但与产量或销量无关,包括管理作业、针对企业整体的广告活动等。

（3）成本对象

成本对象是指企业追溯或分配资源费用、计算成本的对象物。成本对象可以是工艺、流程、零部件、产品、服务、分销渠道、客户、作业、作业链等需要计量和分配成本的项目。

（4）成本动因

成本动因是指诱导成本发生的原因,也是成本对象与其直接关联的作业和最终关联的资源之间的中介。按其在资源流动中所处的位置和作用,成本动因可分为资源动因和作业动因。

资源动因是引起资源耗用的成本动因,反映了资源耗用与作业量之间的因果关系。资源动因的选择与计量为将各项资源费用归集到作业中心提供了依据。

作业动因是引起作业耗用的成本动因,反映了作业耗用与最终产出之间的因果关系,是将作业成本分配到流程、产品、分销渠道、客户等成本对象的依据。

知识点3：作业成本法的基本原理

作业成本法下,费用的分配与归集是基于以下认识进行的：作业消耗资源,产品消耗作业；生产导致作业的发生,作业导致成本的发生。

作业成本法对直接材料、直接人工等直接成本的核算与完全成本法一样,都采用直接追溯法计入产品成本。其区别主要体现在制造费用的分配上,作业成本法对制造费用的分配采用动因追溯的方式进行。

完全成本法下,制造费用的分配通常分为两个步骤：首先将制造费用按照生产部门归集,然后将各生产部门的制造费用按照一定的标准分配给产品,即"资源→部门→产品"。作业成本法下,根据资源与作业的因果关系,将资源计入特定作业,然后根据作业与产品的因果关系将其计入特定产品，即"资源→作业→产品"。可以看出，作业成本法将完全成本法下按照单一标准分配的制造费用改为了按多成本动因进行分配。

知识点4：作业成本法的应用步骤

结合作业成本法的基本原理，可将作业成本法的具体步骤汇总如下。

① 确认和计量各种资源费用，将资源费用归集到设立的各个资源库。企业应确认并计量各项资源费用，为耗费的每类资源设立资源库，并将一定期间耗费的资源按照资源库进行归集。

② 进行作业认定，确认主要作业，并建立相应的作业中心。作业认定是指企业识别由间接或辅助资源执行的作业集，确认每一项作业完成的工作以及执行该作业所耗费的资源费用，主要是对企业每项消耗资源的作业进行识别、定义和划分。

③ 确定资源动因，进行作业成本归集，计算各项作业总成本。作业成本归集是指企业根据资源耗用与作业之间的因果关系，将所有的资源成本直接追溯或按资源动因分配至各作业中心，计算各作业总成本的过程，其计算公式为

$$资源动因分配率 = \frac{资源费用}{消耗的资源动因数量}$$

分配到某作业成本库中的该项资源 = 该成本库各作业消耗的资源动因数量 × 资源动因分配率

某作业成本库耗用的资源费用 = $\sum$（该成本库各作业消耗的资源动因数量 × 资源动因分配率）

④ 确定作业动因，计算作业动因分配率，归集各产品应负担的作业成本。其计算公式为

$$作业动因分配率 = \frac{作业成本}{该作业动因总量}$$

分配到某产品的该项作业成本 = 该产品耗用的作业动因数量 × 该作业中心作业动因分配率

某产品耗用的作业成本 = $\sum$（该产品耗用的作业动因数量 × 作业动因分配率）

⑤ 计算各成本对象的总成本和单位成本，其计算公式为

某成本对象总成本 = 直接追溯至该成本对象的资源费用 + 分配至该成本对象的各项作业成本之和

其中，

直接追溯至该成本对象的资源费用 = 直接材料成本 + 直接人工成本

$$某成本对象单位成本 = \frac{该成本对象总成本}{该成本对象的产出量}$$

项目7

标准成本法及其应用

在实际生产活动中,有一些企业产品生产条件相对稳定,如机床、工程机械、通用机械等,还有一些企业生产流程与工艺标准化程度较高,如汽车、家电等。这些企业经常采用标准成本法计算产品成本。由于企业在应用标准成本法时,需要先确定标准成本,再进行标准成本差异的分析与账务处理,因此,标准成本法的应用分为标准成本的制定和标准成本差异的计算与账务处理两个部分。

标准成本法及其应用的任务设计

任务	学 习 任 务	能 力 目 标	学时
7.1	标准成本的制定	能够根据标准成本法的特点与核算程序,完成标准成本的制定	2
7.2	标准成本差异的计算与账务处理	能够根据标准成本法进行各种标准成本差异的计算以及账务处理	2

任务 7.1 标准成本的制定

 任务目标

知识目标:

掌握标准成本法的特点与标准成本的制定。

技能目标:

能根据标准成本法的特点与核算程序,完成标准成本的制定。

素养目标:

- 树立奉公守法的职业意识。
- 培养自觉遵守会计法规和企业规章制度的意识,具备诚实守信的职业道德、良好的团队协作精神。

学习情境

美多公司是一家生产红糖的企业，其产品及市场稳定，生产流程与工艺标准化程度较高，管理上要求成本控制明确评价各责任中心的经营业绩，采用了标准成本法计算产品成本。该企业 20××年 9 月生产 A 蔗糖，消耗甲、乙、丙三种材料，有关成本资料如表 7-1-1～表 7-1-3 所示。

表　7-1-1

直接材料标准成本

标　　准	材料甲	材料乙	材料丙
每千克材料的价格标准：			
买价/元	2.50	3.00	2.00
运费/元	0.25	0.30	0.20
合理损耗/元	0.12	0.15	0.10
保险费/元	0.13	0.15	0.15
每件材料的用量标准：			
产品用量/千克	5.00	4.00	2.50
正常损耗/千克	0.70	1.00	0.70

表　7-1-2

直接人工标准成本

标　　准	第一工序	第二工序
每小时的价格标准：		
基本生产工人人数/人	10	8
每人每月工时/小时	176	176
每月工资总额/元	10 560	5 632
每件产品的用量标准：		
生产时间/小时	1.6	0.7
机器停工、清理工时/小时	0.2	0.1
工人休息时间/小时	0.2	0.2

表　7-1-3

制造费用项目标准成本

金额单位：元

项　　目	第一工序	第二工序
变动制造费用：		
运输费	300	200
动力费	80	50

续表

项　　目	第一工序	第二工序
维护费	80	50
人工费	600	400
其他	140	100
固定制造费用：		
折旧费	1 200	800
保险费	150	100
办公费	100	60
其他	50	240

 任务要求

根据学习情境描述的资料，在标准成本法下，制定标准成本，任务要求如下。

（1）按照价格标准与用量标准，计算并编制直接材料标准成本表。

（2）确定小时标准工资率与单位产品标准工时，计算并编制直接人工标准成本表。

（3）计算并编制变动制造费用项目标准成本表。

（4）采用标准分配率计算固定制造费用标准成本，计算并编制固定制造费用项目标准成本表。

（5）汇总各标准成本，编制标准成本卡。将确定的直接材料、直接人工和制造费用的标准成本按产品加以汇总，得出产品标准成本卡，反应产品成本标准的具体构成。

 获取信息

引导问题1：具备什么特征的企业会采用标准成本法？

———————————————————————————————

小提示　产品及其生产条件相对稳定，或生产流程与工艺标准化程度较高的企业，其标准成本易被确定，可以利用标准成本与实际成本的差异进行分析，一般采用标准成本法。

引导问题2：根据学习情境描述，谈谈你对标准成本的认识。

———————————————————————————————

小提示　标准成本是指在正常的生产技术水平和有效的经营管理条件下，企业经过努力应达到的产品成本水平。它通常有两种含义，一种是单位产品的标准成本，另一种是实际产量的标准成本。

引导问题3：企业管理人员在确定标准成本时，通常有哪几种标准可供选择？

———————————————————————————————

小提示　标准成本的制定要遵循科学性、客观性、正常性、稳定性等原则。标准成本在确定时，通常分为理想的标准成本、历史的标准成本、现实的标准成本。

★小测试 1　在实际工作中得到广泛应用的标准成本是（　　　）

A. 理想标准成本　　　　　　　　　　B. 历史标准成本

C. 现实标准成本　　　　　　　　　　D. 先进标准成本

引导问题 4：在制定直接材料标准成本时，是否应考虑运输途中的合理损耗？除此之外，还应注意什么问题？

小提示　直接材料的价格标准是事先确定的，是指购买材料应当支付的标准价格，包括买价、运杂费、保险费、包装费、检验费、运输途中合理损耗等成本费用。

★小测试 2　甲公司生产单一产品，按正常标准成本进行成本控制，公司预计下一年度的原材料采购价格为 13 元/公斤，运输费为 2 元/公斤，运输过程中的正常损耗为 5%，原材料入库后的储存成本为 1 元/公斤，该产品直接材料价格标准为（　　　）元。

A. 15.00　　　　　　B. 15.75　　　　　　C. 15.79　　　　　　D. 16.79

引导问题 5：制定直接人工标准成本时应注意的问题是什么？

小提示　根据任务书要求，需确定小时标准工作率与单位产品标准工时，单位产品标准工时是产品的用量标准，小时标准工作率是产品的价格标准，即单位小时工资费用标准分配率。

★小测试 3　甲公司加工一件该模具需要的必不可少的加工操作时间为 90 小时，设备调整时间为 1 小时，必要的工间休息为 5 小时，正常的耗损为 2 小时。该模具的直接人工标准工时是（　　　）小时。

A. 90　　　　　　　B. 91　　　　　　　C. 96　　　　　　　D. 98

引导问题 6：在制定变动制造费用标准成本时，其标准用量应选取直接人工标准工时还是标准机器工时？除此之外，还应注意什么问题？

小提示　变动制造费用的标准用量可以是单位产量的燃料、动力、辅助材料等标准用量，也可以是产品的直接人工标准工时，或者是单位产品的标准机器工时。但须注意，变动制造费用的标准价格口径需与标准用量相同。

引导问题 7：制定固定制造费用标准成本时应注意的问题是什么？

小提示　需确定标准分配率，标准分配率可根据产品的单位工时与预算总工时的比率确定。

任务实施

步骤 1：制定单位产品直接材料标准成本。

分析原始资料，针对该企业生产工艺特点、管理要求选择合适的成本计算方法，完成直接材料标准成本填制,填写表7-1-4。

表 7-1-4

直接材料标准成本

标　　准	材料甲	材料乙	材料丙
每千克材料的价格标准:			
买价/元			
运费/元			
合理损耗/元			
保险费/元			
每千克材料标准单价/元			
每件材料的用量标准:			
产品用量/千克			
正常损耗/千克			
单位产品标准用量/千克			
直接材料标准成本:			
材料甲/元			
材料乙/元			
材料丙/元			
单位产品直接材料标准成本/元			

步骤2:制定直接人工标准成本。

根据学习情境描述,确定小时标准工资率与单位产品标准工时,计算并编制直接人工标准成本表,填写表7-1-5。

表 7-1-5

直接人工标准成本

标　　准	第一工序	第二工序
每小时的价格标准:		
基本生产工人人数/人		
每人每月工时/小时		
每月总工时/小时		
每月工资总额/元		
小时标准工资率/元		
每件产品的用量标准:		
生产时间/小时		
机器停工、清理工时/小时		
工人休息时间/小时		
单位产品标准工时/小时		
直接人工标准成本/元		
直接人工标准成本合计/元		

步骤 3：制定变动制造费用项目标准成本。

根据学习情境描述，确定变动制造费用项目的标准价格和用量标准，计算并编制变动制造费用项目标准成本表，填写表 7-1-6。

表　7-1-6

变动制造费用项目标准成本

项　　目	第一工序	第二工序
变动制造费用项目预算：		
运输费/元		
动力费/元		
维护费/元		
人工费/元		
其他/元		
小计/元		
生产量标准/小时		
变动制造费用项目的标准价格/元		
变动制造费用项目的用量标准/小时		
变动制造费用项目的标准成本/元		
单位产品标准变动制造费用/元		

步骤 4：制定固定制造费用项目标准成本。

根据学习情境描述，确定固定制造费用标准分配率与固定制造费用标准成本，计算并编制固定制造费用项目标准成本表，填写表 7-1-7。

表　7-1-7

固定制造费用项目标准成本

项　　目	第一工序	第二工序
固定制造费用：		
折旧费/元		
保险费/元		
办公费/元		
其他/元		
合计/元		
预算总工时/小时		
单位产品的标准工时/小时		
固定制造费用标准分配率		
部门固定制造费用项目标准成本/元		
单位产品固定制造费用标准/元		

步骤 5：汇总各标准成本，编制标准成本卡。

将确定的直接材料、直接人工和制造费用的标准成本按产品加以汇总，得出产品标准成本卡，反应产品成本标准的具体构成，填写表 7-1-8。

表 7-1-8

A 产品单位产品标准成本卡

成本项目	用量标准	价格标准/元	标准成本/元
直接材料：	用量标准/千克		
材料甲			
材料乙			
材料丙			
小计			
直接人工：	用量标准/小时		
第一工序			
第二工序			
小计			
变动制造费用：	用量标准/小时		
第一工序			
第二工序			
小计			
固定制造费用：	用量标准/小时		
第一工序			
第二工序			
小计			
单位 A 产品标准成本合计/元			

 任务评价

使用表 7-1-9 进行任务评价。

表 7-1-9

标准成本的制定任务评价表

班级		姓名			学号	
项目 7 任务 7.1		标准成本的制定				
评价项目	评价标准		分值	自评	互评	师评	总评
计算直接材料标准成本	直接材料标准成本表正确		15				
计算直接人工标准成本	直接人工标准成本表正确		15				
计算变动制造费用标准成本	变动制造费用项目标准成本表正确		15				
计算固定制造费用标准成本	固定制造费用项目标准成本表正确		15				
汇总标准成本	标准成本卡正确		10				
工作态度	严谨认真、无缺勤、无迟到早退		10				
工作质量	按计划完成工作任务		10				
职业素质	遵纪守法、诚实守信、团队合作		10				
合　计			100				

知识链接

知识点 1：标准成本法的含义和适用范围

标准成本法是指企业以预先制定的标准成本为基础，通过比较标准成本与实际成本，计算和分析成本差异，揭示成本差异动因，进而实施成本控制、评价经营业绩的一种成本管理方法。标准成本法一般适用于产品及其生产条件相对稳定，或生产流程与工艺标准化程度较高的企业。

标准成本法的含义和适用范围

知识点 2：标准成本的定义与分类

标准成本是指在正常的生产技术水平和有效的经营管理条件下，企业经过努力应达到的产品成本水平。管理人员在确定标准成本控制标准时，通常有以下几项标准可供选择。

（1）理想的标准成本

理想的标准成本是指在最理想（最佳）的经营状态下的成本。它是在排除一些失误、浪费、低效率的情况下制定的。该类标准由于太完美，一般情况下，企业员工无论如何努力都达不到这个标准，这会严重挫伤员工的积极性，可能会促使他们采取降低产品质量等一些不合理的手段的达到这一标准，最终影响企业经营效果。因此，这种成本在实际生活中很少采用。

（2）历史的标准成本

历史的标准成本是根据企业过去一段时间实际成本的平均值，剔除生产经营过程中的异常因素，并结合未来的变动趋势而制定的标准成本。在经济形势保持稳定的情况下，可以使用历史的标准成本。但是随着科学技术的快速发展，劳动生产率不断提高，历史的标准成本将逐渐过时，难以在成本管理中发挥应有的作用。

（3）现实的标准成本

现实的标准成本也是正常的标准成本，它是在现有的生产技术水平和正常生产经营能力的前提下应达到的标准。该标准包括了正常的原材料浪费、机器的偶然故障、人员闲置与失误等。因此，它是一种经过努力可以达到的既先进合理，又切实可行的比较接近于实际的成本，被广泛采用。

知识点 3：标准成本的制定

（1）直接材料标准成本的制定

直接材料标准成本是指直接用于产品生产的材料成本标准，包括标准用量和标准单价两方面。直接材料的用量标准是在现有生产技术条件下生产单位产品所需要的材料数量。制定直接材料的用量标准，一般由生产部门负责，其用量标准中应当包括废品损失、产品整理挑选损耗等。直接材料的价格标准一般由采购部门负责，是指购买材料应当支付的标准价格，包括买价、运杂费、保险费、包装费、检验费和运输途中的合理损耗等成本费用。直接材料标准成本的计算公式为

$$直接材料标准成本＝单位产品的标准用量×材料的标准单价$$

（2）直接人工标准成本的制定

直接人工标准成本是指直接用于产品生产的人工成本标准，包括标准工时和标准工资

率。制定直接人工的标准工时,一般由生产部门负责,在对产品生产所需作业、工序、流程、工时进行技术测定的基础上,考虑正常的工作间隙,并适当考虑生产条件的变化,生产工序、操作技术的改善,以及相关工作人员主观能动性的充分发挥等因素,合理确定单位产品的工时标准。制定直接人工的标准工资率,一般由人力资源部门负责,根据企业薪酬制度等制定。直接人工标准成本的计算公式为

$$直接人工标准成本 = 单位产品的标准工时 \times 小时标准工资率$$

(3) 制造费用标准成本的制定

变动制造费用是指通常随产量变化而成正比例变化的制造费用。变动制造费用项目的标准成本根据标准用量和标准价格确定。

变动制造费用的标准用量可以是单位产量的燃料、动力、辅助材料等标准用量,也可以是产品的直接人工标准工时,或者是单位产品的标准机器工时。标准用量的选择需考虑用量与成本的相关性,制定方法与直接材料的标准用量以及直接人工的标准工时类似。变动制造费用的标准价格可以是燃料、动力、辅助材料等标准价格,也可以是小时标准工资率等,制定方法与直接材料的价格标准以及直接人工的标准工资率类似。变动制造费用项目标准成本的计算公式为

$$变动制造费用项目标准成本 = 变动制造费用项目的标准用量 \times$$
$$变动制造费用项目的标准价格$$

固定制造费用是指在一定产量范围内,费用总额不会随产量变化而变化,始终保持固定不变的制造费用。制定固定费用标准,一般由财务部门负责,会同采购、生产、技术、营销、财务、人事、信息等有关部门,按照以下程序进行。

① 依据固定制造费用的不同构成项目的特性,充分考虑产品的现有生产能力、管理部门的决策以及费用预算等,测算确定各固定制造费用构成项目的标准成本。

② 通过汇总各固定制造费用项目的标准成本,得到固定制造费用项目的标准总成本。

③ 确定固定制造费用的标准分配率,标准分配率可根据产品的单位工时与预算总工时的比率确定。其中,预算总工时是指由预算产量和单位工时标准确定的总工时。单位工时标准可以依据相关性原则在直接人工工时或者机器工时之间做出选择。

固定制造费用项目标准成本的计算顺序及公式为

$$固定制造费用总成本 = \sum 固定制造费用项目标准成本$$

$$固定制造费用标准分配率 = \frac{单位产品的标准工时}{预算总工时}$$

$$固定制造费用标准成本 = 固定制造费用总成本 \times 固定制造费用标准分配率$$

任务 7.2　标准成本差异的计算与账务处理

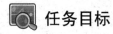 **任务目标**

知识目标:

掌握标准成本法下各种标准成本差异的计算及账务处理。

技能目标：

能根据标准成本法的特点与核算程序，进行标准成本差异分析。

素养目标：

• 树立成本核算工作的细致与系统性观念。

• 养成事前认真计划、事中严格控制、事后总结纠错的习惯。

 学习情境

在任务 7.1 中，美多公司已经完成了 A 蔗糖标准成本的制定，接下来需要根据标准成本法进行各种标准成本差异的计算及账务处理。假设该公司"生产成本"和"库存商品"账户均无期初余额，本期计划生产 520 件产品，实际生产 500 件，产品均已全部完工，并已全部销售，销售价格为 150 元/件，假定不考虑增值税。有关成本资料如表 7-2-1～表 7-2-4 所示。

表 7-2-1

直接材料实际成本和标准成本差异表　　　　金额单位：元

材料种类	实际成本		标准成本		
	实际总耗用量/千克	实际单价	单位标准耗用量/千克	总标准耗用量/千克	标准单价
材料甲	2 900	3.2	5.7	2 850	3
材料乙	2 550	3.3	5	2 500	3.6
材料丙	1 650	3	3.2	1 600	2.45

表 7-2-2

直接人工实际成本和标准成本差异表　　工资率单位：元/小时

工序种类	实际成本		标准成本		
	总工时/小时	工资率	单位标准工时/小时	标准总工时/小时	工资率
第一工序	1 100	7	2	1 000	6
第二工序	400	5	1	500	4

表 7-2-3

变动制造费用实际成本和标准成本差异表　　　金额单位：元

工序种类	实际成本		标准成本		
	实际总工时/小时	变动制造费用实际分配率	单位标准工时/小时	标准总工时/小时	变动制造费用标准分配率
第一工序	1 100	0.7	2	1 000	0.68
第二工序	400	0.6	1	500	0.57

表　7-2-4

固定制造费用各项成本差异表　　　　　　　金额单位：元

工序种类	固定制造费用实际成本	预算成本		标准成本	
		预算总工时/小时	固定制造费用标准分配率	单位标准工时/小时	固定制造费用标准分配率
第一工序	700	1 040	0.68	2	0.68
第二工序	300	520	0.57	1	0.57

 任务要求

　　根据学习情境描述的资料，完成各种标准成本差异的计算及账务处理，任务要求如下。

　　(1) 比较直接材料的实际成本与标准成本，计算与分析成本差异，编制成本差异计算表与会计分录。

　　(2) 比较直接人工的实际成本与标准成本，计算与分析成本差异，编制成本差异计算表与会计分录。

　　(3) 比较变动制造费用项目的实际成本与标准成本，计算与分析成本差异，编制成本差异计算表与会计分录。

　　(4) 采用二因素分析法计算与分析固定制造费用项目成本差异，编制成本差异计算表与会计分录。

　　(5) 采用三因素分析法计算与分析固定制造费用项目成本差异，编制成本差异计算表与会计分录。

　　(6) 结转完工入库产品标准成本，编制会计分录。

　　(7) 结转本期已销售标准成本，分别编制产品销售时、结转已销售标准成本、采用结转本期损益法结算成本差异的会计分录。

 获取信息

　　标准成本差异分析的内容如图 7-2-1 所示。

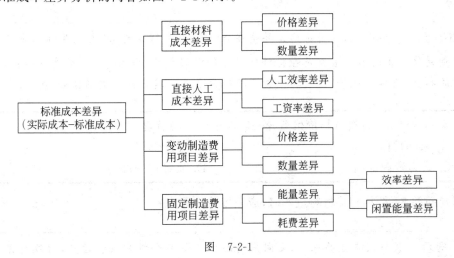

图　7-2-1

引导问题1：为什么要进行成本差异分析？

小提示　在标准成本法下，由于种种原因，企业在一定时期生产一定数量的产品所发生的实际成本与其标准成本可能不一致。通过两者的比较，可以揭示、分析标准成本与实际成本之间的差异，并按照管理原则，对不利差异予以纠正，以提高工作效率，改善产品成本。

引导问题2：根据图7-2-1，总结归纳变动成本差异主要由哪几方面产生？

小提示　直接材料成本、直接人工成本和变动制造费用都随着产品数量的增加而增加，都属于变动成本，其成本差异分析的基本方法相同。由于它们的实际成本高低取决于实际用量和实际价格，标准成本高低取决于标准用量和标准价格，因此其成本差异主要由实际用量脱离用量标准、实际价格脱离价格标准两方面产生。

引导问题3：计算直接材料成本差异的注意事项是什么？

小提示　计算直接材料成本差异时，有两种方式：①直接材料成本差异＝实际成本－标准成本，此方法可以直接求出实际与标准的差额，但是难以对差异进行分配，不能直接找到责任部门；②将成本差异分解为价格差异与用量差异，直接材料价格差异＝实际耗用量×（实际单价－标准单价），直接材料用量差异＝（实际耗用量－标准耗用量）×标准单价，此方式可以将成本差异进行分解，明确是由于价格偏差还是用量偏差导致的成本差异，明确责任部门。

★小测试1　本月企业生产产品4 000件，实际耗用材料16 000千克，其实际价格为每千克20元。耗用材料的用量标准为3千克，标准价格为22.5元，其直接材料用量差异为（　　）元。

A. 80 000　　　　　B. 90 000　　　　　C. −40 000　　　　　D. −30 000

引导问题4：产生的直接材料成本差异，应由哪些部门负责？

小提示　一般来说，材料价格差异是在采购过程中形成的，应由采购部门负责。直接材料用量差异产生的原因主要是在材料耗用过程中形成的，如生产工人的责任心强弱、废品废料率的高低、设备状况等，这些都应由生产部门负责。其他情况需具体分析。

★小测试2　直接材料价格差异一般应由（　　）负责。

A. 采购部门　　　　　　　　　　　　B. 生产部门

C. 人力资源部门　　　　　　　　　　D. 质量控制部门

引导问题5：核算直接材料成本时，应设置什么账户？

小提示　设置成本差异账户，要同采用的成本差异分析方法相适应，为各种差异设置不同的成本差异账户。核算直接材料成本差异需要设置"直接材料价格差异"和"直接材料数量差异"两个账户。

引导问题6：计算直接人工成本差异的注意事项是什么？

小提示　直接人工成本与直接材料成本相似，都属于变动成本，分析的基本方法与注意事项相同。如图7-2-1所示，直接人工成本差异由人工效率差异和工资率差异构成。

引导问题7：计算变动制造费用项目差异的注意事项是什么？

小提示　变动制造费用与直接材料成本相似，都属于变动成本，分析的基本方法与注意事项相同。如图7-2-1所示，变动制造费用项目差异由价格差异和数量差异构成。

> ★小测试3　某产品工时消耗定额为4小时，变动制造费用标准分配率为6元/小时。本月生产产品1 200件，实际使用工时4 000小时，实际发生变动制造费用16 000元。则变动制造费用效率差异为(　　　)元。
> 　　A. −4 800　　　　　B. −3 200　　　　　C. −9 600　　　　　D. −8 000

引导问题8：固定制造费用项目差异与变动成本差异相比，有什么不同点？

小提示　固定制造费用不随产品数量的增加而增加，属于非变动成本。它与变动制造费用项目的差异分析不同，不考虑业务量的变动，因此不再区分用量差异和价格差异，而是引入了预算数据作为分析的标准。

引导问题9：在二因素分析法下，进行固定制造费用项目差异分析需要注意什么？

小提示　二因素分析法是在实际成本与标准成本之间引入了预算成本的概念，实际数超过预算数即视为耗费过多，称为耗费差异，预算数与标准成本之间的差额，则称为能量差异。

引导问题10：在三因素分析法下，进行固定制造费用项目差异分析需要注意什么？

小提示　三因素分析法是把二因素分析法中的能量差异进一步分为两部分：一部分是实际工时未达到标准能量而形成的闲置能量差异；另一部分是实际工时脱离标准工时而形成的效率差异。

引导问题11：结转本期已销售标准成本时，需要注意的问题是什么？

小提示　将成本差异科目的余额全部转入"主营业务成本"科目，虽然账务处理比较简单，但如果差异较大，不仅会使在产品和产成品成本严重脱离实际，而且会对当月的利润产生较大影响，因此在成本差异不大时采用此法为宜；若存在的标准成本差异较大时，也可以按标准成本的比例在当月在产品、库存商品和销货成本(即主营业务成本)之间进行分配。

任务实施

步骤 1：计算与分析直接材料成本差异。

比较直接材料的实际成本与标准成本，计算与分析成本差异，编制成本差异计算表，填制记账凭证，登记有关账簿，在表 7-2-5～表 2-2-7 中填写，并编制会计分录。

表　7-2-5

直接材料实际成本和标准成本差异计算表　　　　　　　金额单位：元

材料种类	实际成本			标准成本				成本差异
	实际总耗用量/千克	实际单价	金额	单位标准耗用量/千克	总标准耗用量	标准单价	金额	
材料甲								
材料乙								
材料丙								
合计								

表　7-2-6

直接材料数量差异计算表　　　　　　　金额单位：元

材料种类	标准单价	实际成本		标准成本			数量差异/千克
		实际总耗用量/千克	金额	单位标准耗用量/千克	标准总耗用量/千克	金额	
材料甲							
材料乙							
材料丙							
合计							

表　7-2-7

直接材料价格差异计算表　　　　　　　金额单位：元

材料种类	实际总耗用量/千克	实际成本		标准成本		价格差异
		单价	金额	单价	金额	
材料甲						
材料乙						
材料丙						
合计						

步骤 2：计算与分析直接人工成本差异。

比较直接人工的实际成本与标准成本，计算与分析成本差异，编制成本差异计算表，填制记账凭证，登记有关账簿，在表 7-2-8～表 7-2-10 中填写，并编制会计分录。

表 7-2-8

直接人工实际成本和标准成本差异计算表　　　　金额单位：元

工序种类	实际成本			标准成本				成本差异
	总工时/小时	工资率	金额	单位标准工时/小时	标准总工时/小时	工资率	金额	
第一工序								
第二工序								
合计								

表 7-2-9

直接人工效率差异计算表　　　　金额单位：元

工序种类	标准工资率	实际成本		标准成本			成本差异
		总工时/小时	金额	单位标准工时/小时	标准总工时/小时	金额	
第一工序							
第二工序							
合计							

表 7-2-10

直接人工工资率差异计算表　　　　金额单位：元

工序种类	实际总工时/小时	实际成本		标准成本		成本差异
		工资率	金额	工资率	金额	
第一工序						
第二工序						
合计						

步骤3：计算与分析变动制造费用项目差异。

比较变动制造费用项目的实际成本与标准成本，计算与分析成本差异，编制成本差异计算表，填制记账凭证，登记有关账簿，在表 7-2-11～表 7-2-13 中填写，并编制会计分录。

表 7-2-11

变动制造费用项目标准成本差异计算表　　　　金额单位：元

工序种类	实际成本			标准成本				成本差异
	实际总工时/小时	变动制造费用实际分配率	金额	单位标准工时/小时	标准总工时/小时	变动制造费用标准分配率	金额	
第一工序								
第二工序								
合计								

表　7-2-12

变动制造费用项目数量差异计算表　　　　　　　金额单位：元

工序种类	标准费用分配率	实际成本		标准成本			成本差异
		总工时/小时	金额	单位标准工时/小时	标准总工时/小时	金额	
第一工序							
第二工序							
合计							

表　7-2-13

变动制造费用项目价格差异计算表　　　　　　　金额单位：元

工序种类	实际总工时/小时	实际成本		标准成本		成本差异
		变动制造费用实际分配率	金额	变动制造费用标准分配率	金额	
第一工序						
第二工序						
合计						

步骤 4：计算与分析固定制造费用项目差异。

采用二因素分析法、三因素分析法计算与分析固定制造费用项目成本差异，编制成本差异计算表，填制记账凭证，登记有关账簿，在表 7-2-14～表 7-2-18 中填写，并编制会计分录。

（1）采用二因素分析法计算与分析固定制造费用项目成本差异。

表　7-2-14

固定制造费用项目标准成本差异计算表　　　　　　　金额单位：元

工序种类	固定制造费用实际成本	固定制造费用标准成本				成本差异
		单位标准工时/小时	标准总工时/小时	固定制造费用标准分配率	金额	
第一工序						
第二工序						
合计						

表　7-2-15

固定制造费用耗费差异计算表　　　　　　　金额单位：元

工序种类	固定制造费用实际成本	固定制造费用预算成本				成本差异
		单位标准工时/小时	预算总工时/小时	固定制造费用标准分配率	金额	
第一工序						
第二工序						
合计						

表 7-2-16

固定制造费用能量差异计算表　　　　金额单位：元

工序种类	固定制造费用标准分配率	单位标准工时/小时	预算成本		标准成本		成本差异
			预算工时/小时	金额	标准工时/小时	金额	
第一工序							
第二工序							
合计							

（2）采用三因素分析法计算与分析固定制造费用项目成本差异。

表 7-2-17

固定制造费用闲置能量差异计算表　　　　金额单位：元

工序种类	固定制造费用标准分配率	单位标准工时/小时	计划产量		实际产量		成本差异
			预算工时/小时	金额	实际工时/小时	金额	
第一工序							
第二工序							
合计							

表 7-2-18

固定制造费用效率差异计算表　　　　金额单位：元

工序种类	固定制造费用标准分配率	单位标准工时/小时	实际产量		实际产量		成本差异
			实际工时/小时	金额	标准工时/小时	金额	
第一工序							
第二工序							
合计							

步骤 5：结转完工入库产品标准成本。

结转完工入库产品标准成本，填制记账凭证，登记有关账簿，在表 7-2-19 中填写，并编制会计分录。

表 7-2-19

A 蔗糖标准成本　　　　金额单位：元

会计科目	金额
直接材料	
直接人工	
变动制造费用	
固定制造费用	
合计	

步骤 6：结转本期已销售标准成本。

本期产品已全部卖出，分别编制产品销售时、结转已销售标准成本、采用结转本期损益法结算成本差异的会计分录。

 任务评价

使用表 7-2-20 进行任务评价。

表 7-2-20

标准成本差异的计算与账务处理任务评价表

班级		姓名			学号		
项目 7 任务 7.2			标准成本差异的计算与账务处理				
评价项目	评价标准		分值	自评	互评	师评	总评
计算直接材料成本差异	分析表、会计分录正确		15				
计算直接人工成本差异	分析表、会计分录正确		15				
计算变动制造费用项目成本差异	分析表、会计分录正确		15				
计算固定制造费用项目成本差异	分析表、会计分录正确		15				
结转本期成本	会计分录正确		10				
工作态度	严谨认真、无缺勤、无迟到早退		10				
工作质量	按计划完成工作任务		10				
职业素质	遵纪守法、诚实守信、团队合作		10				
合　　计			100				

 知识链接

知识点 1：变动成本的成本差异分析方法

直接材料成本、直接人工成本和变动制造费用都随着产品数量的增加而增加，都属于变动成本，其成本差异分析的基本方法相同。由于它们实际成本的高低取决于实际用量和实际价格，标准成本高低取决于标准用量和标准价格，因此其成本差异主要是由实际用量脱离用量标准和实际价格脱离价格标准两方面产生的。所以，变动成本差异可分为用量差异和价格差异两方面计算，计算公式为

变动成本的成本
差异分析方法

成本差异＝实际成本－标准成本

成本差异＝价格差异＋数量差异

价格差异＝实际用量×（实际价格－标准价格）

用量差异＝（实际用量－标准用量）×标准价格

（1）直接材料成本差异的计算与分析

直接材料成本差异是指直接材料实际成本与标准成本之间的差额，该项差异可分解为直接材料价格差异和直接材料数量差异。直接材料价格差异是指在采购过程中，直接材料

实际价格偏离标准价格形成的差异。直接材料数量差异是指在产品生产过程中,直接材料实际消耗量偏离标准消耗量形成的差异。

（2）直接人工成本差异的计算与分析

直接人工成本差异是指直接人工实际成本与标准成本之间的差额,该差异可分解为工资率差异和人工效率差异。工资率差异是指实际工资率偏离标准工资率形成的差异,按实际工时计算确定。人工效率差异是指实际工时偏离标准工时形成的差异,按标准工资率计算确定。

（3）变动制造费用项目差异的计算与分析

变动制造费用项目的差异是指变动制造费用项目的实际发生额与变动制造费用项目的标准成本之间的差额,该差异可分解为变动制造费用项目的价格差异和数量差异。变动制造费用项目的价格差异是指燃料、动力、辅助材料等变动制造费用项目的实际价格偏离标准价格的差异。变动制造费用项目的数量差异是指燃料、动力、辅助材料等变动制造费用项目的实际消耗量偏离标准用量的差异。变动制造费用项目成本差异的计算和分析原理与直接材料和直接人工成本差异的计算和分析相同。

知识点2：非变动成本的成本差异分析方法

固定制造费用不随产品数量的增加而增加,属于非变动成本。它与变动制造费用的差异分析不同,其分析方法有二因素分析法和三因素分析法两种。

（1）二因素分析法

二因素分析法是指将固定制造费用项目差异分为耗费差异和能量差异。耗费差异是指固定制造费用的实际总额与固定制造费用预算总额之间的差额。由于固定制造费用不随业务量的变动而变动,在考核时不考虑业务量的变动,而以原来的预算数作为标准,实际数超过预算数即视为耗费过多。其计算公式为

固定制造费用耗费差异＝固定制造费用实际总额－固定制造费用预算总额

能量差异是指固定制造费用预算总额与固定制造费用标准成本的差额,即实际业务量的标准工时与生产能量的差额用标准分配率计算的金额,其计算公式为

固定制造费用能量差异＝固定制造费用预算总额－固定制造费用标准成本
＝（生产能量－实际产量标准工时）×
固定制造费用标准分配率

（2）三因素分析法

三因素分析法是将固定制造费用项目成本差异分为耗费差异、闲置能量差异和效率差异三部分。耗费差异的计算与二因素分析法相同,不同的是将二因素分析法中的能量差异进一步分为两部分:一部分是实际工时未达到标准能量而形成的闲置能量差异;另一部分是实际工时脱离标准工时而形成的效率差异。其计算公式为

固定制造费用耗费差异＝固定制造费用实际总额－固定制造费用预算总额
固定制造费用闲置能量差异＝固定制造费用预算总额－实际工时×
固定制造费用标准分配率
固定制造费用效率差异＝实际工时×固定制造费用标准分配率－实际产量标准工时×
固定制造费用标准分配率

知识点3：标准成本差异的账务处理

在标准成本法下，按照成本差异的类别设置成本差异账户，将标准成本与实际成本的差异分类归集在有关成本差异账户上，以便用于成本控制和期末结转差异。

设置成本差异账户，要与采用的成本差异分析方法相适应，为各种差异设置不同的成本差异账户。例如，核算直接材料成本差异需要设置"直接材料价格差异"和"直接材料数量差异"两个账户；核算直接人工成本差异需要设置"直接人工工资率差异"和"直接人工效率差异"两个账户；核算变动制造费用项目差异需要设置"变动制造费用的价格差异"和"变动制造费用的数量差异"两个账户；核算固定制造费用项目差异需要设置"固定制造费用耗费差异""固定制造费用效率差异"和"固定制造费用闲置能量差异"三个账户。

在需要登记"原材料""生产成本"和"库存商品"账户时，应将实际成本分离为标准成本和相关的成本差异，标准成本数据记入"原材料""生产成本"和"库存商品"账户，而相关的差异数据分别记入各成本差异账户。成本差异账户的本期发生额反映了这一会计期间的标准成本的完成情况和成本控制的业绩。每一会计期期末各个成本差异账户均应结清，将其转到当期的"主营业务成本"账户，再随同已销售产品的标准成本一起转至"本年利润"账户。成本差异额较小时，可采用结转本期损益法处理成本差异。

项目8

目标成本法及其应用

当企业的产品处于比较成熟的买方市场环境,且产品的设计、性能、质量、价值等呈现出较为明显的多样化特征时,企业应以创造和提升客户价值为前提,以成本降低或成本优化为主要手段,谋求竞争中的成本优势,保证目标利润的实现。企业应成立由研究与开发、工程、供应、生产、营销、财务、信息等有关部门组成的跨部门团队,负责目标成本的制定、计划、分解、下达与考核,并建立相应的工作机制,有效协调有关部门之间的分工与合作。

目标成本法及其应用的任务设计

学 习 任 务	能 力 目 标	学时
目标成本法及其应用	能够根据目标成本法的特点与核算程序,分析目标成本的完成情况	2

任务目标

知识目标:

掌握目标成本法实施的步骤。

技能目标:

能够根据目标成本法的特点与核算程序,分析目标成本的完成情况。

素养目标:

- 养成事前认真计划、事中严格控制、事后总结纠错的习惯。
- 培养自觉遵守会计法规和企业规章制度的意识。
- 培养诚实守信的职业道德、良好的团队协作精神。

学习情境

晨风机械公司是一家生产特殊行业配套机械设备的公司,主要生产甲产品、乙产品、丙产品三个系列的产品。由于市场竞争激烈,为了更好地进行成本管理和控制,提高经济效益,该公司决定在全公司范围内实施目标成本管理制度,努力降低成本。为便于分析,计算过程中不考虑相关税金。该公司20××年9月的有关的成本资料如表8-1和表8-2所示。

表 8-1

晨风机械公司生产成本资料

金额单位: 万元

产品名称	直接材料	直接人工	制造费用	合计
甲产品	1 014	222	306	1 542
乙产品	585	129	159	873
丙产品	495	108	162	765
合计	2 094	459	627	3 180

表 8-2

晨风机械公司期间费用资料

金额单位: 万元

部门名称	管理费用	销售费用	财务费用
市场开发部	12	51	
仓储部	33		
计划生产部	78		
技术质检部	61		
采购供应部	26		
产品研发部	69		
人事部	35		
财务部	31		19
合计	345	51	19

20××年9月晨风机械公司甲产品、乙产品、丙产品的销售量分别为4 500台、3 250台、3 000台,销售额分别为2 025万元、1 170万元、990万元,根据对市场情况的研究分析,预计10月的销售量不变,但市场价格会下跌10%,10月的目标利润定为789万元。

 ## 任务要求

根据学习情境描述的资料采用一般分批法计算产品成本,任务要求如下。

(1)采用倒算法制定目标成本。

(2)分解目标成本,明确各部门所承担的成本责任,建立成本责任分工体系。

(3)实施目标成本,在产品设计阶段、产品生产过程、产品销售和售后服务阶段,充分满足顾客要求,降低费用。

(4)考核目标成本的执行情况,查明实际成本与目标成本的差异。

 ## 获取信息

目标成本法工作流程如图8-1所示。

引导问题1:什么是目标成本法,这种方法适用于什么企业?

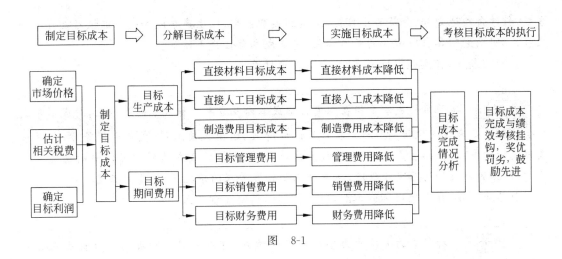

图 8-1

小提示 目标成本法是指企业以市场为导向,以目标售价和目标利润为基础确定产品的目标成本,从产品设计阶段开始,通过各部门、各环节乃至与供应商的通力合作,共同实现目标成本的成本管理方法。目标成本法一般适用于制造业企业成本管理,也可应用于物流、建筑、服务等行业。

★小测试1 下列不是对目标成本法的应用环境要求的是(   )。
A. 产品处于一个比较成熟的卖方市场环境
B. 产品呈现出较为明显的多样化特征
C. 产品呈现出较为明显的单一化特征
D. 企业能及时、准确地获得财务和非财务信息

引导问题2:在运用倒算法制定目标成本时,需要注意什么?

小提示 倒算法是指以产品销售收入减去产品销售税金及附加和目标利润来制定目标成本的方法。在实践中制定目标成本通常采用的方法就是倒算法。

★小测试2 根据目标售价和目标利润倒推出来的成本类型为(   )。
A. 标准成本   B. 责任成本   C. 作业成本   D. 目标成本

引导问题3:在制定目标成本时,还可以运用什么方法?

小提示 目标成本的制定是目标成本控制的起点和核心,制定目标成本的方法除常用的倒算法外,还有公式法、对比法、回归法。

引导问题4:在分解目标成本时,需要注意什么?

小提示 分解目标成本是指以制定的目标成本为基础,把企业的目标成本采用一定的

方式,科学合理地划分、分解为小目标,下达到各职能部门、生产车间和生产班组乃至每个企业员工,明确它们各自所承担的成本责任,建立成本责任分工体系。

引导问题5：在实施目标成本时,需要注意什么?

小提示　实施目标成本是指在制定目标成本以及分解目标成本的基础上,对成本形成的全过程进行有效的执行和监控。在产品设计阶段,运用价值工程、成本分析等方法,寻求最佳设计方案;在产品生产过程中,进行严格控制,用最低的成本达到顾客需要的功能和要求;在产品的销售和售后服务阶段,在充分满足顾客要求的情况下,把费用降至最低。

引导问题6：在考核目标成本的执行情况时,需要注意什么?

小提示　目标成本的考核作为事后分析和控制,可以查明实际成本与目标成本的差异,并借以说明目标成本的现实性和先进性,以及企业经营管理水平和技术发展的趋势。

任务实施

步骤1： 制定目标成本。

分析原始资料,采用倒算法计算出企业20××年10月的目标成本,在表8-3中填写。

表 8-3

晨风机械公司20××年9—10月销售额计算表

产品名称	20××年9月		20××年10月	
	销售量/台	销售额/万元	销售量/台	销售额/万元
甲产品				
乙产品				
丙产品				
合计				

步骤2： 分解目标成本。

为将成本控制在目标之内,20××年10月的各项目标成本和费用都以20××年9月的部门成本费用为基础,考虑目标年度各项因素的变化而制定,即生产成本在20××年9月的基础上直接材料减少20%,直接人工减少10%,制造费用减少15%;期间费用在20××年9月的基础上管理费用减少15%,销售费用和财务费用分别减少10%。根据以上信息在表8-4和表8-5中填写。

表 8-4

目标生产成本分解　　　　金额单位：万元

产品名称	直接材料		直接人工		制造费用	
	20××年9月	20××年10月	20××年9月	20××年10月	20××年9月	20××年10月
甲产品						
乙产品						

续表

产品名称	直接材料		直接人工		制造费用	
	20××年 9月	20××年 10月	20××年 9月	20××年 10月	20××年 9月	20××年 10月
丙产品						
合计						

表　8-5

目标期间费用分解　　　　　　　　　　　金额单位：万元

部门名称	管理费用		销售费用		财务费用	
	20××年 9月	20××年 10月	20××年 9月	20××年 10月	20××年 9月	20××年 10月
市场开发部						
仓储部						
计划生产部						
技术质检部						
采购供应部						
产品研发部						
人事部						
财务部						
合计						

步骤 3：实施目标成本。

实施目标成本是指在制定目标成本以及分解目标成本的基础上，对成本形成的全过程进行有效的执行和监控。

（1）直接材料成本控制

晨风机械公司在产品设计阶段选择更换电机与轴承，在保持质量不变的基础之上，进一步降低成本，更换部件后，甲产品每台可节约材料成本 100 元，乙产品可节约 87 元，丙产品可节约 86 元。在产品采购过程中，通过向供应商进行谈判，集约化管理供应商，使材料采购成本降低额为：甲产品降低 38.21 元/台，乙产品降低 28.32 元/台，丙产品降低 23.25 元/台。在产品生产过程中，制定严格的奖惩措施，避免不必要浪费，使直接材料降低额为：甲产品降低 10.29 元/台，乙产品降低 9.18 元/台，丙产品降低 8.25 元/台。请在表 8-6 中填写。

表　8-6

直接材料目标成本降低额　　　　　　　　　金额单位：元

产品名称	产量/台	设计阶段		采购过程		生产过程		总计
		单位降低额	合计	单位降低额	合计	单位降低额	合计	
甲产品								
乙产品								
丙产品								
合计								

（2）直接人工成本控制

为完成直接人工成本的控制目标，晨风机械公司通过提高员工劳动效能来节约和降低人工成本，通过改革与提升，甲、乙、丙三种产品的单位产品生产工时分别从 20.14 小时、16.2 小时、14.69 小时降低为 18.08 小时、14.53 小时、13.22 小时，工资率仍为 24.5。请在表 8-7 和表 8-8 中填写。

表 8-7

单位产品直接人工成本控制　　　　　　　　　　金额单位：元

产品名称	20××年 9 月			20××年 10 月			降低额
	实际工时/小时	实际工资率	工资总额	目标工时/小时	目标工资率	工资总额	
甲产品							
乙产品							
丙产品							

表 8-8

直接人工目标成本降低额　　　　　　　　　　金额单位：元

产品名称	产量/台	单位降低额	合计
甲产品			
乙产品			
丙产品			
总计			

（3）制造费用的控制

晨风机械公司对耗费较大的机物料的耗用、低值易耗品摊销、厂房租金和电费等方面进行严格管理，实现成本控制，甲产品的制造费用降低了 459 000 元，乙产品的制造费用降低了 238 500 元，丙产品的制造费用降低了 243 000 元，请在表 8-9 中填写。

表 8-9

制造费用目标成本降低额　　　　　　　　　　金额单位：元

产品名称	制造费用目标成本降低额
甲产品	
乙产品	
丙产品	
合计	

（4）期间费用的控制

晨风机械公司通过将各个职能部门作为成本中心来归集期间费用，通过重点监控、制定管理细则、评估市场，最终实现了期间费用在 20××年 9 月的基础上管理费用减少 15%，销售费用和财务费用分别减少 10% 的目标，请在表 8-10 中填写。

表 8-10

期间费用目标成本降低额 金额单位:元

项目	期间费用目标成本降低额
管理费用	
销售费用	
财务费用	
合计	

步骤 4:考核目标成本的执行情况。

查明实际成本与目标成本的差异,进行目标成本的考核,在表 8-11 中填写。

表 8-11

目标成本完成情况表 金额单位:元

项目	9月实际成本	10月目标成本	10月实际成本	10月计划成本降低额	10月实际成本降低额
生产成本					
直接材料					
直接人工					
制造费用					
生产成本合计					
期间费用					
管理费用					
销售费用					
财务费用					
期间费用合计					
总计					

任务评价

使用表 8-12 进行任务评价。

表 8-12

目标成本法及其应用任务评价表

班级		姓名			学号	
项目 8		目标成本法及其应用				
评价项目	评价标准	分值	自评	互评	师评	总评
制定目标成本	计算表、目标成本准确	15				
分解目标成本	分解表数据准确	20				
实施目标成本	表格数据准确	20				
考核目标成本	表格数据准确	15				
工作态度	严谨认真、无缺勤、无迟到早退	10				
工作质量	按计划完成工作任务	10				
职业素质	遵纪守法、诚实守信、团队合作	10				
合 计		100				

知识链接

知识点 1：目标成本法的含义和适用范围

目标成本法的
含义和适用范围

目标成本法是指企业以市场为导向，以目标售价和目标利润为基础确定产品的目标成本，从产品设计阶段开始，通过各部门、各环节乃至与供应商的通力合作，共同实现目标成本的成本管理方法。目标成本法一般适用于制造业企业成本管理，也可应用于物流、建筑、服务等行业。企业应用目标成本法时，应符合以下对应用环境的一般要求。

① 企业的产品处于一个比较成熟的买方市场环境，且产品的设计、性能、质量、价值等呈现出较为明显的多样化特征。

② 企业应以创造和提升顾客价值为前提，以成本降低或成本优化为主要手段，谋求竞争中的成本优势，保证目标利润的实现。

③ 企业应成立由研究与开发、工程、供应、生产、营销、财务、信息等有关部门组成的跨部门团队，负责目标成本的制定、计划、分解、下达与考核，并建立相应的工作机制，有效协调有关部门之间的分工与合作。

④ 企业能及时、准确取得目标成本计算所需的产品售价、成本、利润以及性能、质量、工艺、流程、技术等方面各类财务和非财务信息。

知识点 2：目标成本法实施的一般步骤

我国企业在长期推行目标成本法的实践中总结概括出的基本步骤如下。

① 以市场为导向，生产制造出满足顾客需要的产品，逐渐创造企业品牌和核心竞争力。

② 制定目标成本。首先，根据市场情况确定具有竞争性的市场价格；其次，根据企业的总体规划和奋斗目标确定目标利润；最后，根据市场价格和目标利润倒推出目标成本。

③ 分解目标成本。进行目标成本管理和控制，需要将目标成本分解为小目标，落实到各职能部门、各个车间、各班组乃至每个员工，对目标成本进行层层分解，建立完善的经济责任制，实现全员全过程的成本控制。此外，从时间上看，目标成本还可按照时间序列或期间进行分解，分解后形成一个用时间单位或期间表示的目标体系，主要有年度目标成本、季度目标成本以及月度目标成本等。

④ 实施目标成本。在降低成本的措施中，以推行成本工程和价值工程，进行技术改造与革新为中心，采取强化管理、开源节流等各项节约降耗措施，围绕目标，层层降低成本。

⑤ 考核、评价目标成本的执行情况。对目标成本的实施情况建立有效的激励约束机制，奖惩挂钩，促进目标成本的实现。产品实际销售后，追踪调查客户满意度和市场反映情况，将所有反馈信息收集起来，用于产品的财务目标和非财务目标完成情况的考核；同时，经过与企业目标生产情况的比较分析，对目标成本执行过程进行考核与评价，可以查明实际成本与目标成本之间的差异，并借以说明目标成本的可行性和先进性，以及企业经营管理水平和技术发展的趋势。

目标成本法是一个动态的、不断发展的成本控制方法，当一个目标达到后，必然面临着一个新目标的制定、分解、落实、执行以及考核与评价，如此不断循环，使成本控制不断进步和完善。成本管理和控制对任何一个企业来说都是经营管理的重要主题。

项目9

变动成本法及其应用

在实际生产活动中,有些企业固定成本比较大;还有些企业规模大,产品或服务的种类多,固定成本分摊存在较大困难;还有些企业作业保持相对稳定,这些企业经常采用变动成本法计算产品成本。学习变动成本法,首先需要掌握变动成本法与完全成本法的区别,在此基础之上编制利润表,并深入探究两种方法的差异原因。

变动成本法及其应用的任务设计

任务	学习任务	能力目标	学时
9.1	变动成本法与完全成本法的区别	能够掌握变动成本法与完全成本法的区别,编制职能式利润表与贡献式利润表	2
9.2	完全成本法、变动成本法编制利润表及差异原因	能够掌握完全成本法与变动成本法税前利润产生差异的原因	2

任务 9.1　变动成本法与完全成本法的区别

 任务目标

知识目标:

掌握变动成本法与完全成本法的区别。

技能目标:

能根据变动成本法的特点与核算程序,编制贡献式利润表。

素养目标:

- 培养与时俱进的成本核算理念。
- 培养根据实际情况灵活解决问题的思维。

学习情境

华盛机械制造厂所处市场竞争环境激烈，产品差异化程度不大，需频繁进行短期经营决策，企业内部固定成本比较大，成本基础信息记录完善，所以采用了变动成本法进行产品成本的计算。企业只生产一种产品，20××年9月的有关成本资料如表9-1-1所示。

表　9-1-1

成本、单价、业务量资料

业务量		成本构成		单价/元
期初存货量/件	0	直接材料/元	250 000	1 500
		直接人工/元	80 000	
本期生产量/件	400	变动制造费用/元	20 000	
		固定制造费用/元	50 000	
本期销售量/件	300	变动管理费用/元	6 000	
		固定管理费用/元	25 000	
期末存货量/件	100	变动销售费用/元	12 000	
		固定销售费用/元	18 000	

 任务要求

根据学习情境描述的资料采用变动成本法和完全成本法计算产品成本，任务要求如下。

（1）进行成本性态分析，划分变动成本和固定成本。

（2）采用完全成本法与变动成本法分别计算产品总成本和单位成本。

（3）采用完全成本法与变动成本法分别计算本期销售成本和存货成本。

（4）分别按完全成本法编制职能式利润表，按变动成本法编制贡献式利润表。

 获取信息

变动成本法工作流程如图9-1-1所示。

引导问题1：什么是成本性态？成本按成本性态可分为几类？

───────────────

小提示　成本性态是指成本与业务量之间的相互依存关系。按照成本性态，成本可划分为固定成本、变动成本和混合成本。

引导问题2：什么是变动成本法？变动成本法的产品成本由哪几部分构成？

───────────────

小提示　变动成本法是指企业以成本性态分析为前提条件，仅将生产过程中消耗的变动生产成本作为产品成本的构成内容，而将固定生产成本和非生产成本作为期间成本，直接由当期收益予以补偿的一种成本管理方法。变动成本法的产品成本主要由直接材料、直接人工和变动制造费用构成。

引导问题3：什么企业适合应用变动成本法？

───────────────

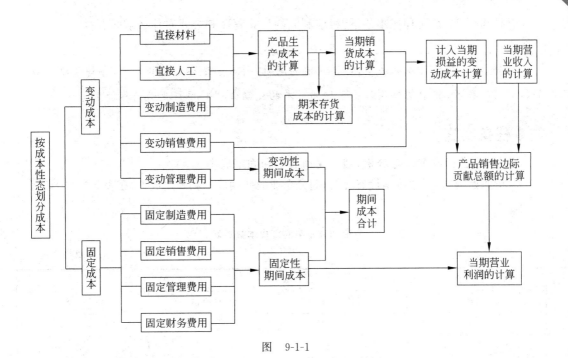

图 9-1-1

小提示 企业固定成本比重较大,当产品更新换代的速度较快时,分摊计入产品成本中的固定成本比重大,采用变动成本法可以正确反映产品盈利状况;企业规模大,产品或服务的种类多,固定成本分摊存在较大困难;企业作业保持相对稳定。

引导问题4:应用变动成本法的前提条件是什么?与完全成本法相比,有什么不同?

小提示 应用变动成本法的前提条件是成本性态分析,将全部成本划分为固定成本和变动成本两部分。而完全成本法是以成本的经济职能作为划分标准,将全部成本划分为生产成本和非生产成本两部分。

引导问题5:变动成本法的产品成本与期间成本由哪几部分构成?与完全成本法相比,有什么不同?

小提示 变动成本法的产品成本由直接材料、直接人工、变动制造费用构成,期间成本由管理费用、销售费用、固定制造费用构成。与完全成本法相比,不同点在固定制造费用的归属上,完全成本法下,固定制造费用归属于产品成本。

引导问题6:在两种成本法下,期末存货成本是相同的吗?

小提示 在变动成本法下,固定制造费用作为期间成本处理,无论期末是否有存货,均不影响期末存货成本水平,而是在当期实现的边际贡献中全部一次性扣除。而在完全成本法下,固定制造费用需计入产品成本,如果期末存货不为零,一部分固定制造费用被期末存货吸收而递延至下期。因此,这必然导致两者销售成本与期末存货成本水平不同。

引导问题 7：在两种成本法下，税前利润的计算程序和公式有什么不同点？

小提示　　在变动成本法下，计算税前利润时，引入了边际贡献的概念，即销售收入减去全部的变动成本，其中包含原归属于期间成本的变动管理费用与变动销售费用。

 任务实施

步骤 1：进行成本性态分析，划分变动成本和固定成本。

分析原始资料，根据成本性态分析，划分企业的变动成本和固定成本，在表 9-1-2 中填写。

表　9-1-2

变动成本与固定成本数据表

金额单位：元

变动成本		固定成本	
成本项目	成本金额	成本项目	成本金额

步骤 2：采用完全成本法与变动成本法分别计算产品总成本和单位成本。

找出完全成本法与变动成本法中计算产品成本所涉及的项目，分别计算产品总成本和单位成本，在表 9-1-3 中填写，并思考两者为什么不同。

表　9-1-3

总成本和单位成本计算表

单位：元

成本项目	完全成本法		变动成本法	
	总成本	单位成本	总成本	单位成本
直接材料				
直接人工				
变动制造费用				
固定制造费用				
合计				

步骤 3：采用完全成本法与变动成本法分别计算本期销售成本和存货成本。

分别采用完全成本法与变动成本法，计算本期的销售成本和存货成本，在表 9-1-4 中填写，并思考两者为什么不同。

表 9-1-4

本期销售成本和期末存货成本计算表

单位：元

成本项目	完全成本法	变动成本法
期初存货成本		
本期生产成本		
本期可供销售成本		
产品单位成本		
期末存货成本		
本期销售成本		

步骤4：分别按完全成本法编制职能式利润表和按变动成本法编制贡献式利润表。

分别按完全成本法编制职能式利润表和按变动成本法编制贡献式利润表，在表 9-1-5 中填写。

表 9-1-5

职能式利润表和贡献式利润表比较表

单位：元

完全成本法——职能式利润表		变动成本法——贡献式利润表	
销售收入		销售收入	
减：销售成本		减：变动成本	
期初存货成本		变动生产成本	
本期生产成本		变动管理费用	
本期可供销售成本		变动销售费用	
减：期末存货成本		变动成本总额	
本期销售成本总额		边际贡献	
销售毛利		减：固定成本	
减：期间成本		固定制造费用	
管理费用		固定管理费用	
销售费用		固定销售费用	
期间成本总额		固定成本总额	
税前利润		税前利润	

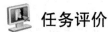

任务评价

使用表 9-1-6 进行任务评价。

表　9-1-6

变动成本法与完全成本法的区别任务评价表

班级		姓名			学号	
项目 9 任务 9.1		变动成本法与完全成本法的区别				
评价项目	评价标准	分值	自评	互评	师评	总评
成本性态分析	成本归纳准确	10				
计算产品成本	表格数据准确	20				
计算存货成本	表格数据准确	20				
编制利润表	表格数据准确	20				
工作态度	严谨认真、无缺勤、无迟到早退	10				
工作质量	按计划完成工作任务	10				
职业素质	遵纪守法、诚实守信、团队合作	10				
合　　计		100				

 知识链接

知识点 1：成本性态概述

成本性态是指成本与业务量之间的相互依存关系。按照成本性态，成本可划分为固定成本、变动成本和混合成本。

固定成本是指在一定范围内，总额不随业务量变动而增减变动，但单位成本随业务量增加而相对减少的成本。变动成本是指在一定范围内，总额随业务量变动发生相应的正比例变动，而单位成本保持不变的成本。混合成本是指总额随业务量变动但不成正比例变动的成本。

知识点 2：变动成本法概述

变动成本法是指企业以成本性态分析为前提条件，仅将生产过程中消耗的变动生产成本作为产品成本的构成内容，而将固定生产成本和非生产成本作为期间成本，直接由当期收益予以补偿的一种成本管理方法。

变动成本法通常用于分析各种产品的盈利能力，为正确制定经营决策、科学进行成本计划、成本控制和成本评价与考核等工作提供有用信息。变动成本法一般适用于同时具备以下特征的企业。

变动成本法概述

① 企业固定成本比重较大，当产品更新换代的速度较快时，分摊计入产品成本中的固定成本比重大，采用变动成本法可以正确反映产品盈利状况。

② 企业规模大，产品或服务的种类多，固定成本分摊存在较大困难。

③ 企业作业保持相对稳定。

知识点 3：变动成本法与完全成本法的区别

（1）应用前提条件不同

完全成本法是以成本的经济职能作为划分标准，将全部成本划分为生产成本和非生产成本两部分。其中，在产品生产过程中所发生的各项耗费均由产品承担，计入产品成本（即生产成本）；而将企业管理、销售等非生产环节所发生的费用作为期间成本（即非生产成本）

直接计入当期损益。变动成本法是以成本性态分析为基础,将全部成本划分为固定成本和变动成本两部分。其中,生产成本又划分为变动生产成本和固定生产成本,只有变动生产成本计入产品成本;非生产成本划分为变动管理及销售费用和固定管理及销售费用。为简化起见,此处将财务费用并入管理费用,不再单独表述。

（2）产品成本与期间成本的构成内容不同

两种成本计算法下的产品成本与期间成本的构成情况如表 9-1-7 所示。

表 9-1-7

完全成本法、变动成本法中的产品成本与期间成本构成表

类　　别	完全成本法	变动成本法
产品成本的构成项目	生产成本:	变动生产成本:
	直接材料	直接材料
	直接人工	直接人工
	制造费用	变动制造费用
期间成本的构成项目	期间成本:	期间成本:
	管理费用	变动管理费用
	销售费用	变动销售费用
		固定管理费用
		固定销售费用
		固定制造费用

（3）期末存货成本不同

在变动成本法下,固定制造费用作为期间成本处理,无论期末是否有存货,均不影响期末存货成本水平,而是在当期实现的边际贡献中全部一次性扣除。

在完全成本法下,固定制造费用需计入产品成本。如果期末存货不为零,则固定制造费用需要在本期销货和期末存货之间进行分配,其中一部分固定制造费用转化为本期的销售成本抵减本期的利润,另一部分固定制造费用被期末存货吸收递延至下期。因此,这必然导致两者销售成本与期末存货成本水平不同。

（4）税前利润的计算程序和公式不同

① 完全成本法下税前利润的计算程序和公式为

$$销售收入-销售成本=销售毛利$$

$$销售毛利-期间成本=税前利润$$

② 变动成本法下税前利润的计算程序和公式为

$$销售收入-变动成本=边际贡献$$

$$边际贡献-固定成本=税前利润$$

（5）利润表的编制方法不同

在完全成本法下,利润表是按照完全成本法下税前利润的计算程序和公式编制的职能式利润表;而在变动成本法下,利润表是按照变动成本法下税前利润的计算程序和公式编制的贡献式利润表。

任务 9.2 完全成本法、变动成本法编制利润表及差异原因

 任务目标

知识目标：

掌握变动成本法与完全成本法两种计算方法对税前利润的影响以及原因。

技能目标：

能解释企业采用完全成本法与变动成本法计算税前利润产生差异的原因。

素养目标：

* 树立成本核算工作的细致与系统性观念。
* 培养严密的逻辑思维能力和数据处理能力。

 学习情境

如任务 9.1 所述，两种成本计算方法对固定制造费用的处理方式不同，计算出的税前利润可能不同。在本任务中，就不同产销量关系情况下两种成本计算方法可能对税前利润的影响以及原因展开进一步分析，相关资料如下：华盛机械制造厂企业只生产一种产品，在过去连续三年中，单价 1 500 元，单位产品直接材料 625 元，直接人工 200 元，变动制造费用 50 元，每年固定制造费用总额 50 000 元，单位变动管理及销售费用 45 元，每年固定管理及销售费用总额 43 000 元。在此情境中，产销量情况分两类进行讨论，第一类为各期产量不变，销量变动，如表 9-2-1 所示；第二类为各期产量变动，销量不变，如表 9-2-2 所示。

表 9-2-1

产销量情况表

单位：件

项目	第一年	第二年	第三年	合计
期初存货量	100	100	200	100
本期生产量	400	400	400	1 200
本期销售量	400	300	500	1 200
期末存货量	100	200	100	100

表 9-2-2

产销量情况表

单位：件

项目	第一年	第二年	第三年	合计
期初存货量	0	0	100	0
本期生产量	400	500	300	1 200
本期销售量	400	400	400	1 200
期末存货量	0	100	0	0

任务要求

根据学习情境描述的资料分别采用完全成本法和变动成本法计算税前利润,任务要求如下。

(1) 在各期产量不变,销量变动的情况下,分别计算两种方法下的单位产品成本。

(2) 按完全成本法编制职能式利润表,按变动成本法编制贡献式利润表。

(3) 对比两种方法下每年的税前利润,找出差异存在的原因。

(4) 在各期产量变动,销量不变的情况下,分别计算两种方法下的单位产品成本。

(5) 按完全成本法编制职能式利润表,按变动成本法编制贡献式利润表。

(6) 对比两种方法下每年的税前利润,找出差异存在的原因。

 获取信息

引导问题1:在完全成本法下,单位产品成本计算时应注意什么?

小提示 在完全成本法下,产品成本由直接材料、直接人工和制造费用组成。固定制造费用总额在相关范围内固定不变,如果几年内产量相同,则单位产品固定制造费用相等;如果几年内产量不同,则单位产品固定制造费用每年不相等,那么单位产品成本也不同。

引导问题2:在产销不同的情况下,用两种方法计算的税前利润是否是相同的?具有什么规律?

小提示 在产销不同的情况下,两种方法计算的税前利润不相同。当产品产量大于销售量时,产生存货,则按完全成本法计算的税前利润大于按变动成本法计算的税前利润;当产品产量小于销售量时,消耗存货,则按完全成本法计算的税前利润小于按变动成本法计算的税前利润。

引导问题3:变动生产成本计算中的业务量是用销售量还是用生产量?

小提示 在变动成本法中,变动生产成本需要用销售量进行计算。

引导问题4:在两种方法下,税前利润与期初、期末的存货量有什么关系?

小提示 若期初、期末存货量不增不减,则两种成本计算方法计算的税前利润相等;若期末存货量大于期初存货量,按完全成本法计算的税前利润大于按变动成本法计算的税前利润;若期末存货量小于期初存货量,按完全成本法计算的税前利润小于按变动成本法计算的税前利润。

引导问题5:完全成本法与变动成本法税前利润产生差异的原因是什么?

小提示 完全成本法与变动成本法税前利润产生差异的主要原因是两种成本计算方法计入当期利润表的固定制造费用水平是否存在差异以及差异的大小。

引导问题6：总结归纳变动成本法的优缺点是什么？

小提示 区分固定成本与变动成本，有利于明确企业产品盈利能力和划分成本责任，保持利润与销售量增减相一致，促进以销定产，揭示了销售量、成本和利润之间的依存关系，使当期利润真正反映企业经营状况，有利于企业经营预测和决策。变动成本法的主要缺点是计算的单位成本不是完全成本，不能反映产品生产过程中发生的全部耗费，不能适应长期决策的需要。

 ## 任务实施

步骤1：在各期产量不变，销量变动的情况下，分别计算两种方法下的单位产品成本。

分析原始资料，分别计算两种方法下的单位产品成本，在表9-2-3中填写。

表　9-2-3

单位产品成本资料表　　　　　　　　　　　　　　　　单位：元

计算方法	单位产品成本
完全成本法	
变动成本法	

步骤2：按完全成本法编制职能式利润表，按变动成本法编制贡献式利润表。

分析原始资料，按完全成本法编制职能式利润表，按变动成本法编制贡献式利润表，在表9-2-4和表9-2-5中填写。

表　9-2-4

职能式利润表　　　　　　　　　　　　　　　　单位：元

项目	第一年	第二年	第三年	合计
销售收入				
减：销售成本				
期初存货成本				
本期生产成本				
本期可供销售成本				
减：期末存货成本				
本期销售成本总额				
销售毛利				
减：期间成本				
固定管理及销售费用				
变动管理及销售费用				
期间成本合计				
税前利润				

表 9-2-5

贡献式利润表
单位：元

项目	第一年	第二年	第三年	合计
销售收入				
减：变动成本				
变动生产成本				
变动管理及销售费用				
变动成本总额				
边际贡献				
减：固定成本				
固定制造费用				
固定管理及销售费用				
固定成本总额				
税前利润				

步骤 3：对比两种方法下每年的税前利润，找出差异存在的原因。

第一年，两种成本计算方法计算确定的税前利润_____。这是因为本期生产量与销售量_____，期初、期末存货数量_____，则采用完全成本法不必将固定制造费用随期初存货转入当期或计入期末存货结转至下期。它与变动成本法一样，本期内发生的固定制造费用均在当期结转，只是顺序不同，计算结果相同。因此，若期初、期末存货量不增不减，则两种成本计算方法计算的税前利润_____。

第二年，完全成本法下的税前利润_____于变动成本法下的税前利润，差额为_____元。这是因为在完全成本法下，增加的 100 件存货所负担的固定性制造费用转入下一会计年度，而变动成本法中的固定性制造费用在这一季度全部扣除。因此，若期末存货量大于期初存货量，按完全成本法计算的税前利润_____于按变动成本法计算的税前利润，二者的差额＝_____。

第三年，完全成本法下的税前利润_____于变动成本法下的税前利润，差额为_____元。这是因为在完全成本法下，销售的 500 件产品需承担_____元的固定制造费用（包括本年度固定制造费用_____元加上和上一年度转入本年度的 100 件存货所负担的_____元固定制造费用）。在变动成本法下，只需扣除本月应承担的固定性制造费用_____元。因此，若期末存货量小于期初存货量，按完全成本法计算的税前利润_____于按变动成本法计算的税前利润，二者的差额＝_____。

步骤 4：在各期产量变动，销量不变的情况下，分别计算两种方法下的单位产品成本。

分析原始资料，分别计算两种方法下的单位产品成本，在表 9-2-6 中填写。

表 9-2-6

单位产品成本资料表
单位：元

计算方法	单位产品成本		
	第一年	第二年	第三年
完全成本法			
变动成本法			

步骤 5：按完全成本法编制职能式利润表和按变动成本法编制贡献式利润表。

分析原始资料，按完全成本法编制职能式利润表，按变动成本法编制贡献式利润表，在表 9-2-7 和表 9-2-8 中填写。

表　9-2-7

职能式利润表　　　　　　　　　　　　　　　单位：元

项目	第一年	第二年	第三年	合计
销售收入				
减：销售成本				
期初存货成本				
本期生产成本				
本期可供销售成本				
减：期末存货成本				
本期销售成本总额				
销售毛利				
减：期间成本				
固定管理及销售费用				
变动管理及销售费用				
期间成本合计				
税前利润				

表　9-2-8

贡献式利润表　　　　　　　　　　　　　　　单位：元

项目	第一年	第二年	第三年	合计
销售收入				
减：变动成本				
变动生产成本				
变动管理及销售费用				
变动成本总额				
边际贡献				
减：固定成本				
固定制造费用				
固定管理及销售费用				
固定成本总额				
税前利润				

步骤 6：对比两种方法下每年的税前利润，找出差异存在的原因。

第一年，两种成本计算方法计算确定的税前利润_____。这是因为本期生产量与销售量_____，期初、期末存货数量_____，则采用完全成本法不必将固定制造费用随期初存货转入当期或计入期末存货结转至下期。它与变动成本法一样，本期内发生的固定制造费用均在当期结转，只是顺序不同，计算结果相同。因此，若期初、期末存货量不增不减，则两种成本计算方法计算的税前利润_____。

第二年,完全成本法下的税前利润_____于变动成本法下的税前利润,差额为_____元。这是因为在完全成本法下,增加的100件存货所负担的固定性制造费用转入下一会计年度,而变动成本法中的固定性制造费用在这一季度全部扣除。因此,若期末存货量大于期初存货量,按完全成本法计算的税前利润_____于按变动成本法计算的税前利润,二者的差额=_____。

第三年,完全成本法下的税前利润_____于变动成本法下的税前利润,差额为_____元。这是因为在完全成本法下,销售的400件产品需承担_____元的固定制造费用(包括本年度固定制造费用_____元加上和上一年度转入本年度的100件存货所负担的_____元固定制造费用)。在变动成本法下,只需扣除本月应承担的固定性制造费用_____元。因此,若期末存货量小于期初存货量,按完全成本法计算的税前利润_____于按变动成本法计算的税前利润,二者的差额=_____。

任务评价

使用表9-2-9进行任务评价。

表   9-2-9

完全成本法、变动成本法编制利润表及差异原因任务评价表

班级		姓名				学号	
项目4任务9.2		完全成本法、变动成本法编制利润表及差异原因					
评价项目	评价标准		分值	自评	互评	师评	总评
计算单位成本	数据准确		10				
编制利润表	表格数据准确		15				
找出差异原因	空格内容填写准确		10				
计算单位成本	数据准确		10				
编制利润表	表格数据准确		15				
找出差异原因	空格内容填写准确		10				
工作态度	严谨认真、无缺勤、无迟到早退		10				
工作质量	按计划完成工作任务		10				
职业素质	遵纪守法、诚实守信、团队合作		10				
合 计			100				

知识链接

知识点1:完全成本法与变动成本法税前利润产生的原因

在连续几个会计期间成本、单价和存货发出计价方法等因索均无变化的情况下,两种成本计算方法计算的税前利润水平可能相同,也可能不同。造成这种情况的主要原因是两种成本计算方法记入当期利润表的固定制造费用水平是否存在差异以及差异的大小。

在完全成本法下,计入当期利润表的固定制造费用水平取于当期的

变动成本法下
利润的计算

生产量大小和期末存货量的变化。生产量越大，单位产品负担的固定制造费用就越小；期末存货量增加，意味着结转至下期的固定制造费用也增加。在变动成本法下，记入当期利润表的固定制造费用水平不受生产量和存货量增减变动的影响，在当期全部一次扣除。因此，在其他因素不变的情况下，如果期初期末存货量不增不减，那么完全成本法与变动成本法在当期补偿的固定制造费用水平相同，计算的税前利润相等；如果期初期末存货量发生变化，那么完全成本法与变动成本法在当期补偿的固定制造费用水平不相同，计算的税前利润不相等，其差异的大小应等于期末存货与期初存货所负担的固定制造费用数额的差额，其计算公式为

$$\genfrac{}{}{0pt}{}{\text{两种成本计算方法}}{\text{税前利润的差额}} = \text{完全成本法下期末存货单位产品固定制造费用} \times$$

$$\text{期末存货量} - \genfrac{}{}{0pt}{}{\text{完全成本法下期初存货}}{\text{单位产品固定制造费用}} \times \text{期初存货量}$$

知识点2：变动成本法的评价

（1）变动成本法的优点

① 区分固定成本与变动成本，有利于明确企业产品盈利能力和划分成本责任。

② 保持利润与销售量增减相一致，促进以销定产。

③ 揭示了销售量、成本和利润之间的依存关系，使当期利润真正反映企业经营状况，有利于企业经营预测和决策。

（2）变动成本法的缺点

① 计算的单位成本不是完全成本，不能反映产品生产过程中发生的全部耗费。

② 不能适应长期决策的需要。

参 考 文 献

[1] 刘爱荣，刘艳红，谭素娴. 成本会计[M]. 8 版. 大连：大连理工大学出版社，2021.

[2] 刘爱荣，陈辉，郭士富. 成本会计实训[M]. 8 版. 大连：大连理工大学出版社，2021.

[3] 蒋小芸，胡中艾. 成本核算与管理[M]. 3 版. 北京：高等教育出版社，2019.

[4] 殷丽媛，孙蕾蕾. 成本会计[M]. 3 版. 上海：立信会计出版社，2021.

[5] 孙颖. 成本会计项目化教程[M]. 2 版. 北京：高等教育出版社，2021.

[6] 于海琳. 成本核算与管理[M]. 2 版. 北京：清华大学出版社，2021.